JN003561

吉原珠央

だから、あの人は嫌われる

対人関係がうまくいかない人の解決策

GS
幻冬舎新書
623

まえがき

「この人、嫌な人だな」「かなり苦手だ」「無神経な人だ」「なんて意地悪なんだろう」「どうしても好きになれない」などと、あなたが思う人はいますか？

職場の上司や部下といった身近な人をはじめ、買い物中にたまたま出会った店員、あるいは面識はないけれどテレビやＳＮＳでの言動や文章が、どうも癇《かん》に障る人まで、頭に浮かぶ人が誰にでも一人はいるのではないでしょうか。

それでは、あなた自身が誰かから「どうも好きになれない」「信用できない」「嫌いだ」「意地悪な人だ」「苦手だから頼み事をされたくない」「心を開きたくない」などと思われたら何を感じますか？

きっと、多くの人が様々な理由をもとに、「そんなふうに人から思われたくない」と感じるのではないでしょうか。

あなたが、万人から愛されるような人を目指していないにしても（その必要性を持っていなくても）、大切な人たちと、できることなら波風を立てずに、信頼し合える関係性を続けたいと願っているはずです。

人からどのように思われても、小さいことは気にせず人づき合いができればいいと思う一方で、取っている何気ない言動によって相手から嫌われたり、知らないうちに敵視されたり、距離を置かれてしまうことは、誰にとっても望ましい状況とはいえません。

誰しもむやみに人から嫌われたくはないですし、どちらかといえば、面白い人だ、頭がいい人だ、信用のおける人だと思われたいのに、実はそういう意識が高い人ほど、あるいは、「私は普段から気をつけている」と自信がある人でさえも、思いと逆行した結果を招いていることがあります。

例えば、自分からお願いしてアドバイスをもらったのに、「なるほどね」「了解です」などと、お礼ではない言葉を伝えている人や、頼み事をしておいて「ＯＫ」と上から目線でメールやＳＮＳで返信をする人たち。

他にも、レジの立ち仕事が疲れたと愚痴をこぼした友人に「どうせパートなんだから、もっとテキトーでいいじゃないか」と、「あなたの仕事は所詮、パートでしょ」という意味として伝わっているのに、相手を慰めたつもりになっている人。

PTA役員を決める会合で、「いい加減な私にもできたんだから、○○さんにもできるはず！」と、相手の決断のハードルを下げるつもりが、実は「あなたも私と同じでいい加減だものね」という意味で伝わっていることに気づかない前任者など。

こういった言動は、失礼を飛び越えて一瞬で相手を凍りつかせ、「この人は無理」という判断を促し、信頼関係を破壊しかねない威力があります。

また、どのようなときでも社交的で明るく振る舞える人がいます。

それ自体は素敵なことですが、会話の内容や、相手のテンションとのギャップがありすぎると、相手を疲弊させるだけの無神経な人だと思われてしまうこともあります。

つまり、明るく親切な人と、自分をよく見せたいだけの無神経な人は紙一重である、ということを明確に理解しておく必要があります。

大人になればなるほど、特別な関係性（親子、兄弟、腹を割って話せるパートナーなど）の人を除いては、「あなたの言い方が嫌い」「そんなことをいうなんて無神経」「その態度は本当に不快だ」「言い方に気をつけてほしい」などと、本心を伝えてくれる人はいなくなります。

つまり、今にも自分から離れようとしている相手の心情に気づかず、関係崩壊の危機を感じにくいままに日々を過ごしてしまいがちになるのです。

そういった状況が続くことで、安心して気軽に話せる人や、本当に困ったときに頼れる人、絶望したときに励ましたり思いやってくれる人たちが静かに自分から離れ、「孤立」につながっていくかもしれないというのに……。

根っから性格が悪い人でなくても、誰もが日常的に無神経な言動と隣り合わせです。

そんな「無神経」という言葉の意味を辞書で調べてみると、「物事の感じ方が鈍いこと。恥や外聞、人の気持ちなどを気にもしないこと」といったようなことが書かれています。

納得するとともに、「無神経な人」という項目があるとすれば、「人との関係性を断ち切る名人」と書き加えられるかもしれません。

無神経な人だと思われて、好きな人や大切な人から、「あなたと一緒にいても楽しくない」「時間の無駄だ」「関わりたくない」などと疎《うと》まれることは、なんとしてでも避けたいと私自身が強い危機感を持っています。

世の中を見渡してみると、自分をよく見せたり、人から好かれたいということが優先され、相手に不快な思いをさせていないだろうか、と慎重になる姿勢を忘れている人が増えていることを肌身で感じます。

コロナ禍でソーシャルディスタンスを保ち、マスクを着けながらの生活様式の中で、知らないうちに相手に嫌われるような不注意で無礼で威圧的な言動を取っているとしたら、今すぐ改めておきたいはずです。

「3密」を避けて生活する私たちは、たとえ人と会う回数が減って物理的な距離が遠ざかっても、心と肌身から伝わる温度を感じられる人の存在を求め続けています。

それが身内であろうと、他人であろうと関係なく、関係性の距離が離れてしまうことには耐えられず、ストレスで心身ともに健康を損なうこともあります。

「人生100年時代」といわれる現代で、これからの時間をより豊かな気持ちで人と関わりながら過ごしていくには、「感じのよい人」「好かれる人」を目指すよりも、まずは自分自身がうっかり「無神経な人」になって嫌われていないか、相手を傷つけたり、明るさや前向きさを押し売りしていないかに気づくことが最優先なのです。

本書で紹介している、「嫌われない技術」は、大切な人から嫌われずに済む考え方や、具体的な言動の他、無神経な人たちへの対処法をはじめ、自分の味方を増やしていくヒントにも触れています。

「嫌われない」ことは、決して「いい人」を目指すことではありません。

本書の目的は、あなたらしく、より自信を持って、「相手から必要とされる人」になるための気づきを得てもらうことと、そうした気づきを実行につなげるブリッジ（橋）となることです。

家族、友人、恋愛対象の人をはじめ、仕事や地域などで接している大切にしたい人に向けて、今すぐ使える「嫌われない技術」を実践し、上っ面だけでも付け焼き刃でもない、「相手から必要とされる人」への確実なステップを駆け上がっていきましょう！

だから、あの人は嫌われる／目次

第三章　「必要とされる人」になるために欠かせないこと　133

DTP 美創

第一章　「嫌われる人」はこんな言動をしている

「主婦としてだけの人生なんて、もったいない」への違和感

レストランやカフェで接遇のアドバイスをされているという、フリーランスの40代女性のSNS投稿を、たまたま目にしたときのことです。

そこには、「同年代の友人○○さんが、ファッションコーディネーターの資格を取ったので、早速、私も似合うファッションを彼女に診断してもらいました！」という文面とともに、満面の笑みで写っている女性たちの画像がありました。

さらに、「主婦なんかとしてだけではなく、この歳で仕事を始めるなんて、かっこいい！　主婦としてだけの人生なんて、もったいないですものね」と書かれていたのですが、なんとなくその文章に違和感を覚えました。

投稿した女性は、きっと友人に対する賞賛の気持ちがあり、「主婦業をこなし、それに加えて40代で仕事の独立まで果たしているのがすごい」と伝えたかったのだと思います。

ただ、その文面には3点気になることがありました。

1点目は、「主婦なんかとして」の「なんか」に、主婦業に対して「所詮、主婦なんて大したことをしていない」といったニュアンスを感じたことです。

2点目は、「この歳で」という表現です。「何かを始めるには遅すぎる、この歳で」「こんなに歳をとってから」という意味に聞こえなくもありません。

あらゆる人が目にする投稿において、配慮が足りない印象を受けました。

せめて「この歳で」を、「この年齢から」「40代という年代で」などといい換えるだけで、相手にも年齢に対しても丁寧に受け止めているという品を感じられます。

3点目は、「主婦としてだけの人生なんて」という言い方です。

「主婦としての人生は、実につまらない人生」「主婦としてだけの人生なんて哀れ」とも聞こえてしまいます。

つまり、この方の投稿を読み終えて、「うわー、行動的で素敵な女性がいるんだな」という感想よりも先に、主婦を下に見ているかのような本音と、それを平然と文章にして公開してしまう投稿者の浅慮な感覚にモヤモヤを感じたのでした。

とはいっても投稿を目にした多数の人が、私と同じように感じるとは限りませんし、文面を目にして「私も頑張るぞ！」と自分を鼓舞できる人もいるかもしれません。

投稿者の女性にしても、きっと彼女自身、前向きで行動力のある女性なのでしょう。

仮に「主婦としてだけの人生なんてつまらない」「こんなに歳をとった私たち」などという言い方に違和感がなく、「そうそう！」と共感できる人たち限定のコミュニティでの投稿でしたら問題はありませんし、投稿者の明け透けな人柄に好感を持つ人がいてもおかしくありませんが、先程の投稿は誰にでも読める設定となっていました。

主婦業に専念する人たちの中には、家族の看病や介護などで働きたくても働けない人がいたり、ご自身の体調が悪くて働けず悶々《もんもん》としている人もいます。

ですから、傷つく人もいるであろう「主婦なんか」という言葉を、自信たっぷりに発信してしまう感覚に、残念な気がしてならないのです。

「40代で主婦の友人の○○さんが、最近、ファッションコーディネーターの資格を取って、ますますパワフルに輝いています！」というシンプルな文章だけでも、十分に思いは伝わるのではないでしょうか。

伝えたいことを発信する前に、それを誰が読み（聞き）、その人たちが日々、どのように暮らし、悩み、喜びを感じているかという想像力があれば、わかりやすく、思いやりのある言葉を選択することができます。

それと同時に、発信者自身の気くばりのセンスと、世の中を広く捉える視点を備えた人物であることも発信できるのです。

伝えたいことに対して、より思慮深くシンプルに言葉を選ぶことを、「人の目を気にしているようで自分らしくない気がする」などと個性云々の問題にすり替えてはいけません。

伝えたいことの主眼を変えるという意味ではなく、先程のような表現の客観性（気くばり、世の中を広く捉える視点）を考慮したほうが、より人々の胸に響くと考えればいいのです。

また、別の事例もあります。

会社員を辞めて起業した人が、「会社員なんてつまらない」「会社員として働くことは時間の無駄」などし、かつての同僚に話したとしましょう。

もちろん「人生は一度きりだから、やりたいことをやるべきだ」などという持論をお持ちだとすれば、それは個人の自由です。

ですが、家族を養うために必死で働いている人や、会社員としての仕事にやりがいを感じている人が聞いたら、あまりいい気はしないでしょう。

会社員ではない人であっても、なんと不遜なことかと、がっかりする人もいるのではないでしょうか。

現状の働き方に満足しているからといって、以前の仕事を「つまらない」「無価値」などと他人に向かっていうことほど、うかつで稚拙《ちせつ》なことはありません。

「自分には起業が合っていた」「会社員の経験があったからこそ、こうしてチャレンジすることができた」などと人前でいえるほうが、応援してくれる人を増やしていけると思います。

結婚した途端、独身の人に「一人暮らしは寂しいよね」といったり、一人っ子の人に「親が兄弟を作ってくれて、本当に感謝だよ」などということも同様に、非常にうかつな発言ですから、注意したいところです。

さあ、あなたはどのような「自分」を発信していきたいですか。

性格を変えるのは難しいかもしれませんが、意識を変えて言葉を選ぶことは、今すぐ誰にでもできます。

言葉は自分の分身でもあるということを、いつでも心に留めておきましょう。

LINEのスタンプで「OK」は使うな

何年も前のことですが、知り合いの先輩女性と数年ぶりに、ばったり街で再会したことがありました。

挨拶をして早々に、「珠央さん、いい歯医者さんご存じない？　虫歯が痛くて、すぐにでも行きたいの！」というので、先輩女性のために一肌脱ぎたいと、彼女と別れた後すぐに知り合いのクリニックに連絡を取りました。

その直後、「クリニックへは、○○さん（先輩女性）のお名前を伝えていますので、安心してお電話で予約されてみてください。医院長が診てくださるとのことです。どうぞお大事に」と、急いで彼女にＬＩＮＥ《ライン》で連絡すると、しばらくして先輩からスタンプで「ＯＫ」だけが送られてきました。

それから3週間ほど経っても先輩女性からの連絡はなく、気になってクリニックへ問い合わせてみたところ、彼女からの問い合わせは、一切入っていないことがわかりました。

紹介したクリニックへ行かないのであれば、面倒であっても、それを一言、私に伝えてほしかったな、と少しがっかりしながら、多忙な医院長を巻き込んでしまったことを電話で謝りました。

幸いなことに、私とクリニックの関係がギクシャクすることはなかったものの、彼女には、いい加減な一面があるのかもしれないという思いを抱かざるを得ませんでした。

もちろん、あのときはその後、急に歯痛が治まったとか、歯痛どころではない急用ができて、連絡ができなかった可能性もあります（ちなみに、その先輩とは、その後も何度か偶然に会うことが続きましたが、とてもお元気そうで、歯痛のことが会話に出ることはありませんでした）。

けれども、またいつか同じことを相談されるとしたら、再び協力しようと思う一方で、「一度、ああいうこと（いい加減だった）があった人」というフィルターを通して相手を見てしまうのは確実です。

「あの人に連絡しなくては」「一言伝えなきゃ」といったことを、うっかり忘れてしまうことは誰にでもありますから、この程度のことでしたら、落胆することでもないのはわかっています。

その上、大きな損害を被ったわけでもありませんでしたし、それで相手を嫌いになることはありません。

ですが、頼み事をしておいて、「OK」というスタンプだけを送る。そして、それっきりという人は、明らかに自分とは異なる価値観の持ち主だと考え、一線を引いてつき合ったほうが気楽だなとは感じました。

このように、相手から嫌がらせを受けたわけではないにしても、「調子がいいな」「軽薄だな」と感じてしまうことで、関係性に一線を引きたくなるきっかけは、日常のあらゆるところに潜んでいるのです。

さて、もし、あなたがLINEのアプリを使っていたら、最近の送信内容を確認して、「OK」というスタンプや言葉で頻繁に誰かに返信していないか、見返してみませんか。

なぜならば、もしも相手に感謝すべきところで「ＯＫ」（「了解」も然り）という発信が多いとすれば、「図々しい」「上から目線」「恩知らず」などと思われてしまう可能性が高く、あなたにとって損なことだからです。

例えば、あなたが「来週のランチ予約はしておいたので、当日は現地集合でお願いします」と友人にメッセージを送ったとして、「ＯＫ」とだけ返ってきたらどうでしょう。あなたも相手も「ランチの予約」が大したことではないと思っていたとしても、「予約をしてくれてありがとう！　とても楽しみです」「お忙しい中、ありがとう」「Thank you!」などのメッセージやスタンプのほうが、予約した側としては断然、気持ちよく感じるはずです。

自分が何かしてあげたことで、その相手から「ありがとう！」というメッセージを受け取った場合は「ＯＫ」でも自然ですが（普段から相手に色々と助けてもらっている場合や、相手が優位な立場であれば、「少しでもお役に立てていたら嬉しいです」などの謙虚な伝え方のほうがベター）、そうではない状況において「ＯＫ」だけでは、上から目線の印象を与えてしまいますからご用心を。

　また、あなたのパートナーや家族が「今夜はお鍋だから、早く帰っておいで」というメッセージを送ってくれたとしましょう。

「OK」でも十分に通じ合える間柄だとしても、あえて「うわ、早く帰りたい！」「ありがとう！」「お鍋、嬉しい！」「待ちきれない！」などというメッセージや、それらに関連するスタンプや絵文字のほうが、「OK」より何倍も温かみを感じられます。

「OK」にしても、「ありがとう」「嬉しい」にしても、文字数はそれほど変わらず、入力の手間に大きな差もありません。にもかかわらず、後者のほうが、相手に対する感謝の気持ちがより伝わるのですから、使わない手はありません。

　家庭でも職場でも、「OK」だけの返事はやめて、「ありがとう」「嬉しい」に変えてみませんか？

相談に乗ってもらったのに「なるほど」だけの返信はするな

　仕事仲間でもある生真面目で仕事熱心なYさんから聞いた話があります。

　以前、Yさんが勤めていた会社の同僚の方が、ご自身の転職のことで相談したいことがあると、Yさんに長文メールを送ってきたそうです。

そこで、Yさんはその内容を読んで色々と考え、それなりに長いメールを返信したのです。

相談事が書かれた長文メールを読むだけでも時間や労力を使いますが、なんとか力になりたいと、長い返信メールを送ってくれたYさんの存在は、元同僚の方にとっては心強かったはずです。

ところが、元同僚の方からの返信は、「なるほど。結局は、自分を信じて進むってことだね！」という一文だけだったというのです。

なぜ「ありがとう」という言葉がどこにもないのか。そして、相手は元同僚のことを思って長文メールを送ったのに、それに対して一文しか返信しないということに対し、思わず私は「それはあんまりですね」と口にしてしまいました。

一方的に自分が頼み事、相談をしているのに、「なるほど」「わかりました」などという一言で片づけてしまうのは、あまりにも厚かましく、無作法なことだと思われてもおかしくありません。

会社で先輩に質問をして関連する資料を添付してもらい、細かくメールで説明を受けたというのに、「了解しました」だけの返信をする人もいます。

「なるほど」「了解しました」というのは、相手に手間を取らせた人が発する言葉としては相応《ふさわ》しくないものだということを心得ておくべきです。

「了解しました」というのは、丁寧語としては誤りではありません。ただ、自分が依頼したことを実行してくれた人に対しては、お礼の言葉を最初に伝えるほうがいいでしょう。

お礼の言葉を伝えない例として、商品を購入するお客様が、「Suica（電子マネーのスイカ）でも支払えますか？」と聞くと、「大丈夫です」とだけ答える店員もいますが、「はい、ご使用いただけます。ありがとうございます」という返答のほうが状況に合っていて丁寧です。

そこで、「なるほど」「了解しました」「大丈夫です」などという言葉を単体で使うのは封印し、次のように、ねぎらいの言葉や感謝の言葉を活用してみるのはいかがでしょうか。

〈相手へお礼を伝えるときの例文〉

・「お疲れのところ、長いメールを読んでくださっただけでもありがたいのに、○○さんからの元気の出るお言葉の数々に感謝しています」
・「○○さんのおかげで、暗かった気持ちを少し前向きにすることができて、本当に助かりました。お忙しい中、親身になって話を聞いてくださいまして、ありがとうございました」
・「ご経験豊富な○○さんから、たくさんのヒントをいただきまして、本当にありがとうございました。『期限を決めて問題を書き出す』というアドバイスは、早速やってみたいと思います」

ポイントは、相手の名前を文章に組み込むことで「あなたから教えてもらったことを大事に受け止めています」というメッセージ性を強めること。そして、何か一つは相手からのアドバイス内容を具体的に引用し、相手の厚意を今後に活かしていきたいという意思を見せることです。

「お疲れのところ」「お忙しい中」等々、相手が自分に費やしてくれた時間に対する感謝の言葉もお忘れなく！

いうまでもないことですが、社内で先輩や上司から、「先程の件で今すぐ、お客様に訂正のメールを送ってください」「明日午前着で、新商品を10箱、以下のお客様へ送る手配をお願いします」などという仕事の指示に対しては、「了解しました」「承知しました」といった言葉を用いても問題ありません。

ただ繰り返しますが、相手が自分のために時間や労力を使ってしてくれたことに対して「なるほど」「了解しました」といった一言は、「なんだか偉そうだな」「今後は、この人のためにここまでする必要はないな」などと相手に思わせてしまいます。

「なるほど」「了解しました」という一言を「ありがとうございます」に変えて、目の前の大切な人との距離感をぐっと近づけていきましょう。

「家族なんだから仲よくしなきゃ」というたび人は離れる

「最近、実家と連絡取ってる？」と職場の同僚や後輩に気軽に聞いたつもりが、「うちは家族仲が悪くて、もう20年は音信不通」といった重々しい答えが返ってくることもあります。

他にも、「父親の顔なんて見たくもない」「兄弟仲が悪い」「もう赤の他人みたいなもの」などと、反応に困ってしまうようなことをいう人がいるかもしれません。

普段は穏やかそうに見えても、家族との間では、他人には想像もつかないような事情を抱え、当事者同士にしかわからない感情が渦巻いていても何らおかしくはありません。

こういった家族の問題に対して、よかれと思って「家族なんだから仲よくしなきゃ」などと「持論、正論、お説教」を口にする人たちがいます。

そういう人たちは、ついお節介を焼いてしまう人情味あふれる人だともいえる一方で、無神経な人だと煙たがられる場合もあります。

家族と連絡が取れない、あるいは距離を置いている人の中には、DVや虐待、金銭的な裏切りや、想像を絶するような迷惑をかけられたなどの問題がある人もいるかもしれません。

相手のために何かいってあげたいと思ったとしても、事情も知らないのに「連絡しなきゃだめよ！」「さっと、ご両親は心配しているよ」「家族には感謝しないとだめだよ」「親は子供のことを絶対に愛しているものだよ」などと口にすることは無責任だと私は考えます。

たとえ、あなたが相手を心配して発した言葉だとしても、「何も知らないくせに」と相手が感じた瞬間、それ以降、相手にとって、あなたの発する言葉は無意味なものとなり、関係性に修復不可能なヒビが入ってしまうこともあります。

ですから、正論や持論を伝えようと熱くならず、「どんな家族だって、いろんな事情があるものね」といった反応がちょうどよいのかもしれません。

このときに、いい切るように明るくあっさり「～あるものね！」というよりは、音域を低く落ち着かせて語尾を1～2秒長くします。そうすると、言葉に重みをプラスすることができます。

さらには、語尾をのばして話の終わり方を曖昧にすることで、会話のバトンを相手に渡しているようにもなり、相手が話しやすい状況も作り出せます。

注意点としては、自分と年齢や社会的に置かれた状況が似ている人や、自分よりも先輩である人にいうと、偉そうに聞こえてしまうので、相手によっては「私などまだまだ人生経験が足りませんが……」という言葉を最初に加えてもいいかもしれません。

「しまった！　余計なことを聞いてしまった」と内心焦ったりせず、「余計なことを聞いてしまっていたら、ごめんなさい」などと、謝る潔さも誠実さの表れです。

相手の経験してきたことや感情を無視し、正しいと信じている個人的な考えや理想論を振りかざすのは、頭の中だけにしておきましょう。

「家族とは会いたくない」という相手に対して、「それは不幸だ」「家族との仲をなんとかしなくては」とあなたが決めつける必要はないのです。

そうした会えない（会わない）時間を置くことによって、憎しみや苛立ちを落ち着かせようとしたり、家族のあり方を必死に模索している人もいるのですから。

大事なことなので繰り返しますが、相手の事情を知ろうともせず、土足で相手の家族のことに踏み込み、頼まれてもいないのに持論や正論を放つことは余計なお世話です。

すべてのことを「正しいか、間違いか」「一般的か、一般的でないか」という二択で考えを口に出すことは求められていないのです。

あなたが、どんなに経験豊富で相手に役立ちそうなアドバイスができる人であったとしても、一歩下がって相手を受け止めることに徹する姿勢のほうが、内面が成熟している人だと思われるでしょう。

「色々な思いがあっていい」「自分には何もできないが、ただただあなたの幸せを願いたい」という言動こそ、相手には心地よく感じられるのです。

「どうしても相手に伝えたい」と思う役立つ情報やアドバイスは、そんな心地よさを相手と共有してからでも、十分に間に合います。

「独りよがりの励まし」は人を傷つける

以前、ホテルのロビーのラウンジで、久しぶりに再会したと思《おぼ》しき50代くらいの男性4人グループの会話が耳に入りました。

「あの活発だった一番上の男の子は、今いくつ？」と聞かれた男性が、「長男は今年、高校に上がったんだけどさあ、実は不登校になってしまったんだよ」と、力なげに答えたのです。

たまたま近くの席に座っていた私にも聞こえてしまった話ですが、事情は何であれ（不登校が不幸であると決めつけるわけではありませんが）ご本人だけでなく、心配する親御さんもどんなに不安だろうかと胸が痛みました。

すると、別の男性が「そんなの大丈夫だよ！」と元気よく反応し、不登校の男の子の父親である男性は「うーん」といって困った表情をしていました。

「大丈夫だよ！」といった男性は、友人に前向きになってほしいという励ましのつもりだったのでしょうが、現実に不登校の息子を持つ親である男性の反応は、「大丈夫なわけはないんだけど、まあいいよ。所詮、当事者にしかわからないことだから」といいたげでもありました。

他にも「なんとかなるよ」「そういう年頃なんだよ」「見守ってあげなよ」などと、高いところからものをいうようなセリフを発する人もいます。

悩んでいる人からすれば、そうした言葉は、余計な苛立ちを与えるきっかけにもなりかねません。

とはいえ「それは最悪だね」「うわ、まずいね」などといわれるよりは、前向きな言葉によって救われることもあります。

仮に私がその会話に加わっているとしたら、なんというだろうと考えました。

目の前の相手が、本当は誰にも知られたくないような話を、自分を信用して話してくれたのだとしたら、「そうだったんですか……。それは○○さんもお辛いですね。今、息子さんは、どんなふうに過ごしていらっしゃるの？」などと、自分には到底わからないかもしれないけれど、今のあなたは深刻な問題を一人で抱えていらっしゃる、といった寄り添う姿勢で質問をしてみます。

「根掘り葉掘り、事情を聞くのは失礼だ」という考えもあるかもしれませんが、自分にとって大切な相手が腹を割って話してくれたのですから、知らないふりをすることのほうが、冷たく失礼に感じます。

質問攻めにするという意味ではなく、「もしも私に話してくれるのであれば、もっと聞かせてほしいし、話したくなければ沈黙にもつき合うよ」と、相手の心情を第一にして、会話の空気や方向性を相手に委ねるのです。

立派なアドバイスをしようとか、自分の言葉で前向きにさせようなどと、相手をコントロールするかのような独りよがりの善意は、結果的に誰も幸せにすることはできません。

心から相手の力になりたいときは、アドバイスをするよりも「この人に話してみようかな」と相手が思えるような空気感を作り出せるだけで、すでに相手の大きな力になれているはずです。

悩みを抱えた人を励ましたいとき、相手の言葉にじっくりと耳と心を傾けてあげられる姿勢を貫けたら、相手は、そんなあなたの思いやりから「自分には応援してくれる人がいる」と実感できるのではないでしょうか。

残念ながら、アドバイスや励ましの言葉は、それをいっている人の自己満足であることがほとんどです。

「私は、こんな素晴らしいことをいっている」と思えば思うほど、相手との距離は離れていきます。

大切な人を励ましたいと真剣に思うのであれば、相手を哀れんで持論を展開したり、励ませば解決するといった短絡的な言動を捨てることから始めましょう。

そこから、自分が役に立てることをじっくりと探していきたいですね。

「明るさ」が人を傷つけることがある

「あなたは明るい人だ」と誰かにいわれたら、嬉しいと感じますか？

私は、褒め言葉として多少嬉しく感じるにしても、その言葉は危うさもはらんでいる気がして手放しで喜べないところがあります。

なぜならば、相手の状況や心理状態を無視して「いつも明るい人」でいることで、周囲の人に「明るく振る舞う」ことを強要している可能性があるからです。

「明るさ」というのは、常に誰からも受け入れられるわけではありません。

そこで、人の印象における「明るさ」とは、暮らしの中で欠かせない照明による「明るさ」と似ていると考えてみましょう。

料理を作ったり、食事をしたり、仕事の書類を確認するときは、手元がよく見えるよう部屋を明るくしますし、リラックスしてテレビを見るときは、明るい部屋で見たい人もいれば、照明を暗くして見たい人もいます。

寝る前にベッドで読書をするときは、煌々《こうこう》とした明るさの中にいるよりも、間接照明の、目に刺激を与えすぎない、やわらかな明るさを好む人が多いかもしれません。

このように、日常的な照明の明るさは、目的や気分によって、どのレベルに調節すると快適かを考えて決めます。

そうしたことは、私たちが人とコミュニケーションを交わす場面においても似ているのではないでしょうか。

例えば、ファストフード店での接客の場合は、初対面のお客様に対して100パーセントの明るさで対応している一方、仕事の会議で深刻な話をしているときは、明るさは不要です。

つまり、状況や話の内容、自分の立場や相手に合わせて「明るさ」のトーンを無意識、または意図的に調節しながら、私たちは人と接しているはずです。

こうした考えを前提にすると、深刻な話をしているときに能天気に、「なんとかなりますよ！」などと場違いな明るさで横槍が入れば、その明るさが腹立たしく感じられてしまいます。

仮にあなたが病気で手術をすることになり、それを最初に打ち明けた友人が「えー！手術!?　きゃ〜、怖い〜」などと明るさ全開で反応したらどうでしょう。

極端な例かもしれませんが、それはまるで暗闇の中で眩《まぶ》しくて目が開けられないくらいの明るい照明をつけられるほどの不愉快さであることは間違いありません。

明るいとか、前向きといった印象を受ける人は、一緒にいる人をも明るくする効果があるかもしれませんが、それは常に通用するわけではないのです。

「本当に今、相手には『明るさ』が必要なのか」という疑問からスタートし、明るさの度合を状況や相手に合わせることができたら、それは素晴らしいことです。

そのセンスを磨くときに必要なのは、「相手の心情」について徹底的に考えるということです。

「待たされた挙げ句、注文したメニューと違う料理が来た」という理由で、かなり立腹しているお客様に、レストランの店員は笑顔で接する必要はあるでしょうか。

お客様の心情は、「きちんと謝るべきだ」「早く注文した料理を持ってきてほしい」ということではないでしょうか。

そういうときに笑顔で明るく接していては、火に油を注ぐようなものです。

「この人は明るい。けれども、このトーンは場違いだ」などと、相手に疎ましく思われないよう、今、この人は「怒っている」「悲しんでいる」「喜んでいる」「不安そうだ」などという相手の喜怒哀楽を、常に意識的に探りましょう。

あなた自身の表情や声の明るさ、表現の強弱が、その場に適しているかを考えながら、言葉を発する癖をつけるのです。

明るさ100パーセントで周囲を照らし続けるのではなく、ときに明かりをそっと消したり、間接照明のように優しい反射光で照らせるような人を、私は目指していきたいです。

「嫌われる人」の言動に共通すること

仮に、あなたにも、どうしても好きになれない人や尊敬できない人がいるとします。

その人のことを今、思い浮かべてみてください（嫌なことを思い出させてしまい申し訳ございません）。

続いて、その人の話し方や話す内容について、あなたが「どうしても、ここが許せない」と思う具体的な言動を3つほどあげてみてください。

それらの内容は、私が考える「嫌われる人の3つの言動」のいずれかに当てはまるのではないでしょうか。

〈嫌われる人の3つの言動〉

①偉そうである

上から目線の言動が目立ち、他者の意見を聞こうとせず、自分の考えが最も正しいと思っている人。

また、お礼をいわない、謝らないなど、感謝心と謙虚さに欠ける言動が目立つ。

自分の考え以外には興味を持てないため、他の人の考えに対して共感（「わかります」「そうなんですよね」などの反応）や、敬意ある反応（「それはすごいですね」「素晴らしいですね」「初めて知りました」「教えてもらえて助かりました」など）ができない。

「絶対〜です」(断定)、「違うんです」「いや」「っていうか」「そうじゃなくて」(否定) などという言葉を頻繁に使う傾向がある。

②いい加減である

人や時間に対する考えや接し方が軽く、相手の年齢や社会的ポジションなどによって態度を変えるなど、物事の見方に偏りがある人。

名前を覚えない、名前を間違える、約束を果たさない、時間や約束を軽く扱う、アイコンタクトを取らない、話を真剣に聞かない、話を遮《さえぎ》る、求められていない自分の話しかせず、自慢話や愚痴や批判が多いなど、客観性のない人。

待ち合わせに遅れても謝罪せず「道が混んでてさあ」という言い訳をしてしまう。

協力してもらったり、何かしてもらったことを軽く見ているために、自分がしてもらったことを忘れて、お礼やお返しをする習慣がない。

③他力本願である

「できない」「無理無理」「これやっておいて」「それでいいわ」「誰か教えて」「お任せします」「どちらでもいいです」「あなたのほうが上手だから」「決まったらお知らせください」「(自分の意見はいわずに) どうしましょう」などと頻繁に口にする傾向がある。

相手への依頼が多いのと同時に、自分にミスがあると「課長の指示がよくなかった」「なぜ私のときに限ってこんなことになるんだろう」「不運すぎる」などと、自分の責任に目を向けられない発言も目立つ。

まず①の「偉そうである」については、「若い世代の人たちが国内で新型コロナウイルス感染症を広めている根源だ」「どの会社も社長は偉そうにしている」「団塊の世代は皆、頑固だ」などと、自分の知る小さな範囲での見聞が基準となり、そこに当てはまることだけをひとくくりにして口にしがちです。

ちなみに、「すべての若い人たちではないけれど……」「社長と呼ばれる人の中には……」「団塊の世代の一部の人には……」などという言い方ができれば、だいぶ印象が違います。

前述した通り、職場の同僚に何かを手伝ってもらったり、アドバイスをしてもらったり、協力してもらった相手に対して、「なるほど」「了解」「どうも」「ＯＫ」などという恩義を感じられない言葉で返すことが多い人は要注意です。

「私の友達で……」「知り合いにこういう人がいて……」などと話し始めることが多く、目の前の相手よりも第三者のことばかりを話す人は、聞き手を疲弊させています。

自分の経験談や過去の成功談を相手に聞かせることが好きで、「あなたもやったほうがいい」という提案や、「私はこのやり方が絶対にいいと思う」といった押しつけがましさも節々にあり、相手に話を振ることはまずありません。

質問したことを相手が答えてくれても、その内容に感心したり、共感することはほとんどなく、結局は自分が次に長々と話すための布石を打つために相手に軽く話を振るだけのこともあります。

プレゼントをもらったり、ご馳走してもらっても、それが当然であるかのように振る舞うはしたなさ（忘れっぽさ）は見るに堪えません。

②の「いい加減である」は、「明日までにメールします」「すぐに調べて連絡します」といった約束を24時間以内に報告、または実行しない人や、仕事に対して「適当でいい」「なんとなく」「大体でいいよ」「ざっくりとやっておいて」といった曖昧な表現を好む人でもあります。

同時に、「たぶん」「おそらく」「よくわかりませんが、○○ではないでしょうか」「こんなもんじゃない？」「みんなやっているから」などといった、自信や根拠があやふやな言葉も目立ちます。

相手の悩み事や相談事にも無関心で、「あー、そういうことって、よくあるよね」「辛いのはみんな一緒だよ」などと軽々しくいうこともあります。

「そんなの私に比べたら大したことないよ」などと自分の話にすり替えて話したがり、相手の問題に真剣に取り合わず話を軽く流してしまいがちです。

会話中もスマートフォンを気にかけずにはいられず、目の前の相手に集中することができない人は、相手と関係を深めることもできず、あらゆるチャンスを失いかねません。

③の「他力本願である」は、仕事について軽々しく「これやっておいてくれる？」「これってどうやればいいの？」「これで合っているかな？」などと自発的に行動するよりも口が先に出て、ちょくちょく相手を巻き込もうとします。

①から③に当てはまることをしていても、その人の愛嬌や性格によっては、許せてしまうような魅力ある人たちもいます。

しかしながら、本項で説明してきた言動の癖に関しては、明らかに誤解を招きやすく、もしもご自身にも、同じような言動の癖があれば、一度、見直してみることをおすすめします。

人からの信頼をなくし、「孤立」に直結してしまいかねないこれら3つの言動の特徴を認識しておくことは、私たち自身が日常の言動を選ぶときにも役立ちます。

あなたにとって「嫌われる人の3つの言動」は無縁かもしれませんが、そういった言動をする人とどんなときに遭遇するかはわかりません。

そうしたとき、会話から抱く違和感を「自分以外には関心のない人だ」「約束を守らない人だ」「自分を利用しているのかもしれない」などと頭の中で言語化することができたら、後は素知らぬ顔でつき合うことも可能です。

そういった相手に対し、どんなにこちらが歩み寄ったり努力したりしても、相手が簡単に変わるとは期待しないほうが賢明です。

どうしても尊敬できない人や許せない人、嫌いな人がいてもいいのです！

無神経で理不尽な人に対して、むやみに傷ついたり憤慨したりせず、あなたの感情と価値観を守ることを最優先にして淡々と接してみましょう。

努力しても、どうしても好きになれない相手に費やす時間はできるだけ短くし、あなたにとって大切な人との時間を増やしていくことが、幸せな人生につながるはずですから。

エレベーターで操作パネルから遠いところに立つな

前項の「嫌われる人の3つの言動」の一つが「他力本願である」でした。

「これってどうやるんだっけ？」と同じことを頻繁に聞いてくる同僚や、たまに会うと、やたらと「今度、連絡してよ」と強制してくる人（自分から「連絡するね」とはいわない）、リモート飲み会をしようと仲間内で盛り上がると途端に「決めてもらっていいよ」と面倒なことから抜け出す人など、他力本願な人は一般的に少なくありません。

エレベーターで操作パネルから離れた場所に立とうとする人、小銭を落とすととぼけたふりをして周囲の人に拾わせる人、仲間とレストランに入って注文を取るときや、おしぼりが足りないときに店員を呼び止めようとする気配が全くない人もいます。

こうした身近にいそうな他力本願な人たちは、自分で考えて行動しようという意識が低く、「誰かがやってくれるはず」という怠慢さが根底にあるように見えます。

「面倒なことはしたくない」と誰しも思うときはありますし、私自身、人のために何でもこなせるほど頭の回転が速くて、器用で気くばりが行き届いているとは恥ずかしながらいえません。

ただ、そんな私であっても、友人、知人、仕事仲間と一緒にエレベーターに乗るときは、乗り込む前から、操作パネルを自分でタッチするにはどういった動線がいいかなど、瞬時に考えています。

そんなささいなことでも、誰かの役に立ちたいと思って行動していると、「ありがとう」といってもらえる場面が増えて嬉しくなります。

他力本願な姿勢は、質問の仕方にも表れます。

以前、SNSを通じて本名も顔も一切、ご自身の情報を明かさず、「私も本を出版したいのですが、どうしたら本が売れますか？」「どうやったらフリーランスで成功できますか？」などという一文だけで質問してくる人たちがいて驚きました。

初めてのコンタクトで、不慣れだったということもあるかもしれませんが、面識がない人へ質問をする際には、最低限、自分の素性を明かしてから行うことが、相手から信用される上で不可欠です。

「人材採用について聞かせてください」「あなたの本を読んで、人間関係の悩みを聞いてほしいと思って連絡しました」などと、私が仕事として答えるべき内容をSNSで気軽に聞いてくる人たちもいます。

こうしたコンタクトの取り方については、時代の流れもありますし、端的に質問をして即座に答えてほしいという希望があるかもしれませんから、私自身、相手への歩み寄りも大事だとは考えています。

ただ、SNSなど誰もが目にできるオープンな場でしたら一概にはいえないまでも（そもそも誰もが目にすることのできるネット上で、個人的な質問をすることには疑問を感じますが）、個人的に仕事に関連する相談をする場合は、自分の本名や現在の属性（会社員、主婦、学生など）を明かして「相手に少しでも安心してもらおう」といった配慮が感じられるほうが、尋ねられる側としては信用できますし、答えようとする熱量も上がるはずです。

私の場合、ご自身についての情報を明かさない人から質問を受けたときは、真摯な態度でありながらも、多少の曖昧さでもって答えるようにしています。

例えば先程のような質問に対しては、「私こそ、『売れる本の秘訣《ひけつ》』を知りたいくらいです！　本の出版に関しては、出版社のサイトや、私以上に詳しい、その道のプロフェッショナルな方が運営しているサイトがたくさんあるようなので、そちらをチェックされてみてはいかがでしょう」「あらゆる意味の『成功』とは、きっと自分自身の満足度であり、意志との闘いなのかもしれません。私はまだまだ道半ばですが、〇〇さんらしく、フリーランスのお仕事ができますよう陰ながら願っています」などと返信します。

質問をされたときに何らかの違和感があった場合には、「真摯に曖昧」という表現をうまく活かし、後味のよい答え方ができる人を目指していくことで、お互いに余計なストレスがかかることを回避できるはずです。

いうまでもなく質問者が極度に他力本願であったり、態度が横柄で「関わりたくない」というレベルの場合を除きますが。

決して多くはありませんが、質問の仕方が軽く、言葉遣いに丁寧さが欠けていたり、自己中心的だと感じる人からの質問メッセージに対し、「真摯に曖昧」を活用して丁寧に返信をしたところ、それきり返事がなかったことも何度かあり、「やっぱりね」と妙に納得することもありました。

そんな経験から、現在ではかなり慎重に、返信させていただくかどうかを判断しています。もし私の仕事に関連するご相談やご質問がございましたら、ぜひメールでお願いできたらありがたく思います！

心配されても調子に乗るな

冬の大雪や夏の台風などの影響によって、公共交通機関のダイヤに乱れが生じることは致し方なく、それによって予定をキャンセルしたり、約束に遅れた経験がある読者もいらっしゃるでしょう。

それでは、次の文章を読んでいただき、あなたと同僚の間にあることが起きたとして、何を感じるか考えてみてください。

〈あなたと同僚の間に起きたこと〉

あなたの職場の同僚Aが、プライベートで連休に沖縄旅行へ行きました。

Aは出勤日前日に帰りの便を予約していましたが、台風の影響により、予定していた便が土壇場で欠航に。沖縄に延泊し、翌日は13時からの出勤となりました。

そこで、あなたはAが出勤してくるまでの電話窓口業務をすべて引き受けることになりました。

ようやく午後になって出勤してきたAに「大変だったね」と、あなたが声をかけると「本当だよ！　予定が大幅に狂って散々だったよ」といって、いつものように仕事をし始めました。

さて、あなたは何を感じ、どのように反応しますか？

Aは、いかにも自分だけが大変な思いをしたといわんばかりで、かつ、あなたに対する感謝の言葉もなければ、申し訳ないという気持ちも感じられません。

「そうだよね。台風の進路が急に変わってしまうなんて、誰にも予測できないものね」と反応してあげたくなる一方で、Aの態度を見て、頭にくる人もいるはずです。

たとえそれが本人の意図しない天災による影響であったとしても、あるいは自分の遅刻で迷惑をかけた人に、さほど大変な作業をさせてしまうことはなかったとしても、お礼や謝罪を最初に口にするだけで印象がだいぶ違います。

仮に「迷惑をおかけしてしまい、本当に申し訳ないです！　今朝は仕事をフォローしてくれて、ありがとう。本当に助かりました。何か引き継ぐことがあったら教えてもらっていいかな？」といえる同僚でしたら、「気にしないでね」と素直に反応できて、腹立たしく感じる人はいないはずです。

説明するまでもないですが、迷惑をかけたことへのお詫びや、相手に助けてもらったことへの感謝を伝えられたほうが誰だって気分がよいものです。

これは感情面の問題だけではありません。

実際にAが遅れて出勤するまでの間、あなたの業務が増えても、その分の給料が上乗せされるわけではありません。

この他、怪我や病気、出産や介護などで長期休暇を取った人など、当人が最も大変だったことは周囲の誰もがわかっています。

だからこそ、誰かが「大変でしたね」と心配してくれたときには、自分の辛かった経験を主張するのではなく、お礼や謝罪（悪いことをしたという意味ではなく）ができる人であったら、気遣いのできる人だと思われるのではないでしょうか。

「悪いことをしたわけではない」と意固地になったり、「目立ちたくないから」と消極的になって周囲にお礼を伝えずにいれば、周囲の人は「あんな恩知らずの人のために、どれだけ自分たちは大変だったことか」と腹の底で感じているかもしれません。

自分を心配してくれた人への感謝を表すことは、その後、自分の居場所を快適にするために必要なことだと考えてみるといいのではないでしょうか。

これは、仕事上だけではなく、友人との約束においても同様のことがいえます。

友人を待たせておきながら「遅刻したのは電車が遅れたせいで、私の責任じゃない」と思い、一番の被害者は自分であると主張したいことだってあります。

本来だったら10分前に到着するはずだったのに……と悔しい思いをすることもあるでしょう。

そういうときこそ、結果的に相手の時間を無駄にしてしまったことに目を向け、謙虚に振る舞うことができれば、相手はよりあなたに好意を持ってくれるでしょう。

こうした視点を持ちながら言動を徹底できれば、予期せぬ何かが起こっても、きっと周囲から「いいんですよ」「力になりますよ」と、快く協力してもらえるはずです。

遅刻をして「大変だったね」「大丈夫？」と心配してもらったとき、「もう、最悪だよ」「本当にまいったよ」「今日はついてないなあ」などと調子に乗って答えている場合ではないのです。

大事な就職面接の日に、余裕を持って家を出たにもかかわらず電車の遅れで遅刻したとき、パニックにならなくていいのです。

面接官が「大変でしたね」といってくれたら、「電車の遅れとはいっても、お待たせしてしまい申し訳ございませんでした。お忙しい中、私のために、お時間をずらしてくださいまして、本当にありがとうございます。本日は、よろしくお願いいたします」と伝えられればいいのですから。

そういった言動を普段から取ることができれば、大切な人との縁は、さらに広がっていくことでしょう。

新婚さんに「次は子供だね」というな

家族間で使っているグループＬＩＮＥ（複数のメンバー同士で同時にやり取りができる設定）での話です。

私の本を新聞広告に掲載してもらったことがあり、それを見た姉がスマートフォンで撮影した画像を家族のグループＬＩＮＥでシェアしてくれました。

「ありがとう。おかげさまで、重版が決まりました」と私が送信すると、今度は兄が「次は『リモートソーク』で必要な伝え方の本を出したほうがいいよ」とメッセージを送ってきました。

兄なりの私へのエールだったのでしょうが、素直に受け止めることができませんでした。

というのも、振り返ると兄は、著書の書評が新聞に掲載されたときは、「次は視点を変えてビジネスに特化した内容の本がいいかと思う」といい、翻訳本が台湾で発売されたときには「アジア以外でも翻訳版を出したら？」等々、いつもねぎらいの言葉はなく、「アレやれ」「コレやれ」といいたい放題で、少々疲れてしまうからなのです。

兄は出版業界とは縁遠い仕事をしていますが、たとえ出版業界に詳しかったとしても、私は同じことを感じるに違いありません。

生まれたときから私を知っていて、自分の妹であるからこそ心配し、力になりたいという気持ちがあってのことだとは理解しています。

しかし、本を書く仕事は、実に多くの人たちに関わってもらいながら、一つ一つの難題をクリアしていくもので、決して容易なものではありません。

発売した本の重版をしていただくという最初の難関をクリアできて、一瞬の安堵《あんど》に浸る間もなく、「次は○○したほうがいい」といったメッセージが来ると、ついため息が出てしまうこともあります。

何も称賛がほしいわけでなく、私としては、ただ「お疲れ様」「おめでとう」「頑張ったね」といった一言があれば、それだけで十分すぎるほど嬉しいのです。

といっても、兄は私の新刊が出るたびに近所の書店へすぐに買いに行ってくれて、「○○駅の構内の書店でも見たよ」などと情報を送ってくれます。そうやって応援してくれていることに感謝していますし、家族思いの性格もわかっています。

兄とは「少しはねぎらってよ！」と直接、本人にいえる間柄でもありますので、深刻な悩みとまではいきませんが、もしこのようなことが他人との間で頻繁に起こっていたとしたらどうでしょう。

相手にとっての喜ばしい話を聞いたら、「次は○○が目標だね」などと不要なプレッシャーを与えず、お祝いやねぎらいの言葉が第一声として自然に出てくる人を目指したいと思っています。

それではここで、世の中の様々な場面における「余計な第一声の事例」と、「こんなふうに反応してもらえたら嬉しいと思う事例」を紹介します。

〈相手の喜ばしいことに対する第一声の事例〉

①「ようやく就職が決まりました！」という人に対して

（NG）

「問題は就職した後だよね」「ラッキーだったね」

「どこでもいいから就職した者勝ちだよね」

（正しい反応）

「それはおめでとうございます！　コロナ禍での就職活動は不安もあって大変だったでしょう。本当にお疲れ様でした。体に気をつけながら、たくさんの素晴らしい経験をしてください。陰ながら応援しています」

②「おかげさまで術後の経過もよく、先日、退院しました」という人に対して

（NG）

「本当にもう大丈夫なんですか？」「早く職場復帰して遅れを取り戻さないとですね」

「退院されても元のような体力には戻れないでしょうから大変ですね」

「だいぶ痩せちゃいましたよね。別人かと思いました……」

（正しい反応）

「それはよかった！　ご退院おめでとうございます。コロナ禍でご家族との面会制限などもあってお辛かったでしょうね。退院後も、あまり無理をされないよう、お過ごしくださいね」

③「3年ぶりに彼氏（彼女）ができました」という人に対して

（NG）

「彼氏（彼女）がいない時期が結構、長かったね」「その人とは結婚できそう？」

「騙されてないよね!?」

（正しい反応）

「うわー、どんな方なの？　きっと優しい人だろうな〜」「どうりでキラキラしてると思ったよ！」「最近、楽しそうな雰囲気が増したなぁとは感じていたんだけど、やっぱりね！」

④女性グループでの会話で「白いスカートが素敵ですね！」といわれた人に対して

（NG）

「白っていい色だけど、汚れが目立つのが困るよね」「今日はずっと気を遣っちゃうね」「白は太って見えるから、私はあまり着ないようにしているよ」

（正しい反応）

「本当に素敵！」「私も白いスカートを着たくなります！」「爽やかで、似合ってるね！」

⑤スマートフォンを新機種に買い替えた人に対して

（NG）
「高いだけですぐ壊れるよね」「何が違うの？」

「（面倒そうに）あんまり意味ないでしょう」

（正しい反応）

「使い心地はどう？」「新しいとテンション上がるよね！」「さすが、ピカピカですね！」

⑥「色々なことがありましたが、結婚することになりました」という友人に対して

（NG）
「次は子供ですね」「それなりに時間がかかりましたね」「嘘でしょ!?」

（正しい反応）

「うわ、それはおめでとうございます！」「色々な経験があってこその強い絆《きずな》が素晴らしい。おめでとうございます！　末永くお幸せにね」「それは、おめでとうござい

ます！　新しい生活に向けてのご準備で忙しくされているかと思いますが、お体には気をつけながらお過ごしくださいね」

以上ですが、いかがでしょうか。

友人や知人の喜ばしい話題に対して、どうしても伝えたい助言があるのであれば、そのことは、第一声でお祝いやねぎらいの言葉をかけてからでも遅くはありません（相手から求められてもいない助言は封印したほうがいい気はしますが）。

（NG）の例のような余計な第一声は、自分のフィルターを通してしか相手の状況を見ていないことに原因があると考えます。

つまり、相手の立場になって考えることができれば、誰でも適切な言葉を見つけることができるのです。

相手にはどのような思いがあり、どのような過程を経て今があるのか。

人知れず悩み、迷いや不安もあっただろうとか、支えていたご家族はどのように感じているだろうといった発想こそが、あなたの言葉を聞いた相手に嬉しく感じてもらえる秘訣ではないでしょうか。

ときには、相手への嫉妬心が邪魔をして、素直に祝福できないということもあるかもしれませんが、「おめでとう！」と伝えられるほうが、きっと自分を誇らしく感じられるはずです。

一方で、「おめでとう」の一言をいえないままでいると、「祝福できない小さな自分」と向き合うことになり、惨めな気分になって落ち込むかもしれません。

ですから相手に祝福の言葉をかけることで、自分を好きになれるチャンスを増やせると思っていればいいのです。

ちなみに前述の兄へは「ねぎらいの言葉はないんかい！」と私が返信をしたところ、「確かにそうだね！　でも、そこは『まいっか』でしょう！」などと、私の著書『「また会いたい」と思われる人の38のルール』（幻冬舎文庫）で記述した、「まいっか星人」（起きたことに対して柔軟性と前向きさを持つ人の意）というキーワードを引用した返信が届きました。なんとも憎めないキャラクターの兄です（笑）。

とはいえ本書が発売された後、兄から「本当にお疲れ様！」というメッセージが届くことを密かに願っている私です。

「善意」という思い込みが一番恐ろしい

世の中には、困っている人や、深い悩みや問題を抱える人たちのため、高い奉仕の精神を持って真剣にボランティア活動に取り組まれている人たちがいます。

ボランティア活動に参加する人の中には、「自分が行動しなくては」といった熱い使命感を持っている人、「世の中に貢献することで自分も救われた気持ちになる」と考える人、「就職に有利だから」「誘われたから仕方なく」といった状況の人など、様々な人がいると思います。

どのようなきっかけや理由があるにせよ、結果として実際に行動し、役に立っているということとは立派だと感じます。

そんな熱心な人たちが集まるボランティアの現場でも、コミュニケーションに関する話題はつきません。

例えば、ボランティアスタッフ同士や、ボランティアをする側とされる側の間で、コミュニケーションの不和が生じているという事例もあるようですが、人と人が関わって何も起きないことのほうが不自然ですし、それだけお互いが真剣であることもわかります。

ところが、中には善意という思い込みが相手を傷つけたり、ありがた迷惑となっていることもあるので、十分に配慮しながら活動をしていく覚悟も求められます。

私の知人のAさんが、ご高齢のお父様が腰椎を骨折した際に介護でお世話になった、地域の民生委員として活動している50代女性Bさんの話をしてくれました。

「民生委員」とは、民生委員法に基づいて厚生労働大臣から委嘱された非常勤の地方公務員として、社会福祉の増進のために、地域住民の立場から生活や福祉全般に関する相談・援助活動を行っている人たちのことです。その制度は、すでに創設から100年以上経っているようです（政府広報オンラインの掲載情報を要約）。

地方で一人暮らしをされているご高齢のお父様がいらっしゃるAさんは、都内でバリバリと忙しく仕事をされています。

そんなAさんのお父様は入院中と自宅療養中のお世話係として、週に1〜2回、民生委員のBさんに自宅に来てもらっていたのでした。

Bさんは、滞りなくお父様のお世話をしてくださった一方で、Aさんには困っていたことがありました。

例えば、お父様が入院中、忙しい仕事の合間にAさんが帰省すると、Bさんは病室に居座り、2時間以上も世間話をしていたそうです。

また、Bさんから「今夜は一人でしょう。飲みに行きましょうよ！」と、誘われることも続いたそうなのです。

都会で慌ただしく仕事をこなし、疲れた体で帰省するAさんにとって、病室でのお父様との時間は誰にも気を遣わずに親子の会話ができる大切なものだったはずです。

久しぶりに実家に帰ったら家のことなどやることも多く、わざわざ他人と夜、飲みに行きたいとは思わないでしょう。

「私は甘いものが苦手なのですが、毎回食べきれないほどのお菓子をお土産に持ってきてくれて……。『甘いものは苦手なので、気を遣わないでくださいね』と伝えていたのですが、私が遠慮していると思っていたのか、聞く耳を持ってくれませんでした」とのこと。事ほどさように、「善意」のもとで行動している人の中には、「まさか相手が迷惑だと思っているはずがない」と思い込んでいる人がいるのです。

ボランティアに取り組むすべての人たちに当てはまることではありませんが、Bさんのように、独りよがりの善意を相手に押しつけないよう、気をつける必要があります。

まず、自分がしようとしていることは、相手から本当に求められていることなのかを常に疑う姿勢がなくてはなりません。

何にでも首を突っ込んだり、自分がすべてを取り仕切り、解決しようなどとは考えず、「距離を置くべきこと」「手放したほうがうまくいくこと」「関わらないほうがいいこと」を明確にしておくことをおすすめします。

そうすれば、きっとお互いにとって快適な関係性を保てるはずです。

仮に「もっと相手のために役に立ちたい」と思っているならば、「他にも私にできることがあったら、気軽に声をかけてくださいね。『これはやらなくていい』ということも、ぜひ、遠慮なく教えてください！」などと口頭またはメールで伝えるという方法もあります。

また、他人の赤ちゃんやペットを見ると、「かわいい」といいながら触ろうとする人がいます。こういった人に対し、親しみを感じる人もいれば、「消毒をしているかわからない手で、べたべたと触れないでほしい」と疎ましく思う人がいるのも現実です。

相手が声に出して、「それは結構です」「触らないでください」といわないからといって、それらの行動を快く思っているわけではないのです。

もしも、あなたが手作りの料理やお菓子を時々渡している相手から、「○○さんもお忙しいでしょうから、差し入れはもう本当にお気遣いなくお願いします」といわれたとしましょう。そのとき、あなたはどう感じますか？

「○○さんも」の「も」には、「私も忙しいから、本当に構わないでほしい」という意味合いがあって、それが相手の本心だと私は思います。

そのことで傷ついたり怒ったりする必要はありません。なぜなら相手は、あなたとうまく関わっていきたいからこそ、要望を伝えているのですから。

繰り返しますが、世の中には、誰かの善意によって救われる人がいる一方で、独りよがりの善意を与えられれば与えられるほどに、ストレスを感じている人もいるのです。

「自分がされて嫌なことは人も嫌、自分がされて嬉しいことは人も嬉しい」というのは一理あるのですが、人は一人ひとり異なった考え方や価値観を持っています。自分の尺度を相手に押しつけるよりも、「相手と自分の考え方や価値観はまるで違う」という前提で常に人と関わるほうがいいのではないでしょうか。

そうすることで、あなたのかけがえのない善意が、これまで以上に誰かの役に立つのだと確信しています！

お店に入って「ガラガラだ」というお客にはなるな

一人カフェで、熱々のコーヒーを飲んでいたときのことです。

先に来ていた友人に向かって入口から歩いてきた男性が、「超、空いてるね！　ガラガラじゃん」「誰もいなくない!?」と大きな声でいい放ちました。

確かに15席ほどあるそのカフェには、彼らと私ともう一組のお客しかいませんでした。

お店の人が耳にしたら、ムッとしてもおかしくない不要な一言に、他人事《ひとごと》ながら聞いていて恥ずかしさを覚えるほどでした。

その「誰もいないカフェ」にいる私の存在すらもないことにされてしまったようで、妙な居心地の悪さをも感じました。

「誰もいなくない!?」といった男性は、空席の目立つカフェの状況を率直にいったつもりでしょうが、無神経さを感じてしまうのは私だけではない気がします。

空席が目立つ店内だったとしても、そのことをわざわざ大声で口にする必要はありませんし、仮に、そのカフェを友人が選んでいたとすれば、「友人が人気のない店を選んだ」ということになり、友人に対しても失礼です。

感じたことを口にする前に、「店員や他のお客が聞いたら快く思わないだろう」と判断すればいいわけで、あえていう必要のないことです。

こうした、言葉選びのさじ加減がわからない人は、無神経な人だと思われて「この人に人事な話をして大丈夫だろうか?」という不安感を周囲に与えかねません。

他にも日頃から無神経な言い方をしてしまう人は少なくありません。

そこで、誰が聞いても快く聞こえるような言い換えの事例をあげてみましょう。

〈言い換え事例〉

「店内にお客がいない」↓「くつろげるね」「貸し切りみたいで贅沢だね」
「(店構えが)古いね」↓「味があるね」
「(店内が)狭いね」↓「なんだか落ち着くね」
「(メニューの内容が)普通だね」↓「どのメニューがおすすめなんだろう」

つい誰もが口にしそうな何気ない一言について、より深く考えてみると新しい発見があるかもしれません。

とんこつラーメン店の前を通ったとき、「臭《く》っさ!」と鼻をつまんでオーバーに嫌そうな表情をしたり、店内が暗い飲食店に入ろうとすると「潰れてない?」という人など、悪気がないとはいえ、それをあえて言動にする感覚には理解しがたいものがあります。

また、コロナ禍ではソーシャルディスタンスや消毒といった対策を徹底しているお店がある中、実際には密状態になっていて、びっくりする場合もあります。

そんなとき、入店してすぐに「すっごい密じゃん」「これはまずいでしょう」「絶対、コロナが伝染《うつ》るよ」などと大きな声でいう人がいると、店内にいる人は不安になりますし、不快な思いもするでしょう。

たとえ、それらが事実であっても、個人個人が、それぞれの判断で感染予防を徹底すればいいことで、非難しているようにも聞こえることを軽々しく口にすることは、品のある行為とはいえません。

誰かが傷ついたり、不快に感じるような言葉をうっかり使っていないか、今一度ご自分でもチェックしてみましょう！

「求める人」はいつの間にか嫌われる

取引先の営業マンと打ち合わせ中、彼がビジネスバッグの中から資料の入ったクリアケースを取り出そうとしたとき、手書きのタイトルが書かれたＤＶＤのケースが目に留まりました。

気になって、「ご自身で何かＤＶＤを作成されたのですか？」と聞いたところ、「これはうちの会社でスキーが趣味の先輩が作ったＤＶＤなんです。『見ておいてよ』と、よく渡されるんです」と、少し困ったように答えてくれました。

仕事の話をひとしきりした後で、再び「スキーのＤＶＤ」の話題になり、「私をかわいがってくれているのは嬉しいのですが、感想を伝えないと失礼だと思うので、それが結構大変で……鍛えられますけどね」と、先輩への気遣いを交えながら本音を話してくれました。

屈託のない彼のことを、その先輩は気に入っているのでしょうが、スキーシーズンが来るたびに、先輩の華麗なスキー動画のＤＶＤを数枚見なくてはならないなんて、これを負担と感じないわけがありません。

「見ておいてよ」と気軽にＤＶＤを渡すことは、相手に対して「鑑賞時間を作る」「感想を考える」「感想を伝える」という行動を、暗黙のうちに指示していることにもなるのです。

「そうそう、ものすごく面白い映画を観たの。おすすめだからネットでチェックしてみて」などと、気軽に友人に話すことはごく普通にあります。

しかし、その後、その映画に関する情報をいくつもＬＩＮＥやメールで送ってしまうと、送られた側は、それを開いて情報を見なくてはなりません。

お互いを知り尽くした関係だったり、自分も好きなジャンルの映画でしたらありがたいと思うでしょうが、そうではない場合、「全部情報を見てから返信しないといけないよね……」と面倒に感じる人もいるはずです。

「この本、面白いから、ぜひ読んでみてください。貸してあげるから」

「あのお店のテイクアウトのお弁当は美味しいから、ぜひ買ってみて」

「これは個性的な染色作家が作ったマスクなんだけど、一つあげるからつけてみて」

などと、相手に何らかの行動を求めることを口にしていないか、今一度、振り返ってみませんか。

何かしらを求める人の機嫌を損なわないように「それは面白そうですね」「うわ、機会があったらぜひ試してみたいです」「ありがとうございます」などと快く反応してくれる人もいますが、心のどこかで、「もうたくさんだ」「勘弁してほしい……」と感じている人もいるはずですから。

一方で、「最近、読まれた本で何かおすすめがあったら教えてもらえますか？」などと質問を受けた場合は、存分にあなたがおすすめしたい本を伝えてあげたいですね。

ただ、相手に色々と教えたいという思いが、いつの間にか知識や情報のひけらかしにつながることもあるので、その点はご注意を。

もちろん、自らがお願いして本を紹介してもらった場合は、感謝のこもった感想を後で伝えられる人でありたいですね。

「楽しい体験や情報を与えてあげている」と思って相手にしていることが、実は、わざわざ自分から相手に嫌われてしまうきっかけを作っているとすれば、なんとも皮肉なことです。

「おすすめ」といいながら、「押しつけ」になっていないだろうかと振り返る人であれば、きっとその「おすすめ」は、相手の目により魅力的に映ることでしょう。

「少し軽はずみだった」という謝罪は反省ゼロ

2021年1月、国内ではコロナ禍で2回目の緊急事態宣言が発令されました。

東京、埼玉、神奈川、千葉をはじめ全国の主要都市でも、飲食店は20時までに営業時間を短縮するよう要請を受け、国からの補償があるものの、多数の飲食店や、そこに関連する食品卸業者などの企業が待ったなしの窮地に追い込まれました。

特に家賃や人件費（休業手当を含む）といった固定経費は日を追うごとに増し、私自身も小さな会社を経営する身として、売上にかかわらず、容赦なく請求される固定経費の重圧を体験していますので、他人事とは思えずにいます。

医療従事者やそのご家族は、家族への感染リスク、勤務先の患者や仲間への感染リスクに配慮して、仕事でもプライベートでも気の抜けないストレスの多い日々を送っていることでしょう。

実際に、私の友人の医師は、家族全員が外食を一切禁止し、子供も学校以外はほとんど出かけず、自宅で過ごしています。

冬は各種学校の受験シーズンとも重なり、絶対に体調を崩せない人や、見た目には健康そうに見えても持病があり、不安の中で公共交通機関を利用せざるを得ない人もいて、それぞれに切迫した事情を抱えているはずです。

そんな中、政治家が大人数で会食をしたとか、緊急事態宣言中に夜遅くまで飲食店で過ごしたということで、釈明や謝罪をする姿をニュースで見るたびに、がっかりしています。

ある政治家は、「少々、軽はずみでしたことを猛省しています」と話していました。一見すると、反省を述べているようですが、軽はずみだったのは「少々」で、つまり自ら「大したことではないが……」と堂々と主張しているに等しいのです。

これでは、反省の伴わない「フェイク謝罪」であることが露骨にわかります。

会話の中で、「ちょっと」「少し」という言葉を日常的に使用している人は、たくさんいます。

「ちょっと遅れます」「ちょっと申し訳ないなと思っています」「少しだけ待ってください」「ちょっとお願いがあります」「あれから、少し反省してみました」などと、あたかも枕詞《まくらことば》のように、「ちょっと」「少し」を口にしているのです。

しかしながら、相手への謝罪や依頼に分類される内容の場合には、状況や事態を軽く見ているような表現は使わないほうがいいでしょう。

例えば、「申し訳ございませんが、5分ほど遅れてしまいます」「本当に申し訳ないという気持ちで、いっぱいです」「前の会議が長引いておりまして、大変恐れ入りますが15分ほど会議の開始時間を遅らせていただけないでしょうか」「お忙しいところ恐縮ですが、一つだけお願いがございます」などと言い換えると真摯に感じられます。

「ちょっと」「少し」という曖昧な言葉に頼らず、クッション言葉（依頼するときなどに使用する、相手を敬ったり、謙遜するような言葉）を加えることで、言葉を受け取る側は許容のハードルを格段に下げてくれるはずです。

先程の謝罪会見は、「少々、軽はずみで猛省しています」ではなく、「軽はずみなことをして、猛省しています」とすればよかったのです。

あなたにとっての「ちょっと」は、相手にとっても「ちょっと」なのかということに気づくだけで、より誠実な言葉を選べるはずです。

そうすることで、あなたの発する言葉の信憑《しんぴょう》性は増しますから、迷惑をかけた人たちとの関係はおかしくなるどころか、より強固なものとなるでしょう。

感じがよさそうな人ほど実は無礼

「わかりやすく伝える努力をしている」「相手に丁寧に接している」などと自信を持っていえる人がいるとすれば、日頃から相手の細かいところまで観察されているのだろうと感心してしまいます。

とはいえ、そういう人たちの中には、プライドと自己評価が高いだけの人がいることも事実です。

一見すると差し障りなくコミュニケーションが取れて、感じもよく、わかりやすく話しているようでも、相手の興味関心を無視して、自分のことばかりベラベラと話している場合もあります。

また、「我々のようなエリート街道から外れた人たちにとっては……」と前置きをして、「あなたもエリートではないですものね」と、無意識に相手を見下していることに気づかない人がいたり、質問をされて気分よさそうに答えるのは好きでも、「○○さんは、いかがですか？」などの、相手への質問は皆無の人もいます。

話を聞いているようで、実は相手が話したことに対して共感も称賛もなく、敬語だけはうまく操り、丁寧に話している自分に酔いしれて、「うまく対応できている」と思い違いをしているのです。

そこで、うかつに相手を軽視しているような話し方になってしまっていないかどうか、注意深く確認できたらいいですよね。

「質問には答えられる」「敬語には十分気をつけている」といったことは、あなたの印象においてプラスに働きます。

ですが、それはあくまで断片的で表面的なことなのです。

そうした断片的で表面的な印象よりも、相手を会話に巻き込んだり、相手への感謝や素晴らしいと感じることを伝えられなければ、残念ながら、関係がさらに発展していくことはないでしょう。

気づかぬうちに、相手を軽視していると思われかねない言動をしていないかチェックし、伝えたいことがきちんと伝わるよう、次の事例で確認してみましょう。

〈よくある「軽視」だと思われる言動〉

①「若い頃は営業としてバリバリ働いていたんです」という相手に対して

↓「へー」「そうなんですね〜」「なるほど」などという一言

（理由）

「そうなんですね〜」というのは単体で使うと、「あっそう」「だから何？」と、軽く受け流しているように伝わることがある。

大切にしたい相手の場合には、「そうでしたか！　どうりで、いつもお話ししやすい方だなと感じていたんですよ。やはりそういったご経験がおありだったんですね。ちなみに、その頃は、どのような商品の営業をされていたのですか？」と、相手への興味を示す質問をする。

②「最初、リモートワークは慣れないことが多くて、とても大変でしたが、今はだいぶ慣れてきました」という相手に対して

↓「すぐに慣れますよね」「みんなそういいますよね」「そうなんですね」などという

一言

（理由）

「大変だった」という言葉があるので、相手をねぎらったり、賞賛の言葉を入れるのが望ましい。

「慣れますよね」というのは、共感性のある反応だと勘違いする人もいるが、単に「私にはたやすい」「やっと慣れたのね」などと上から目線に受け止められやすく、「そんなこと誰でもやっている」と軽視していると誤解されやすい。

「便利なところもありますが、リモートワークならではの不便さもあって、特に最初は大変なことが多いですよね」「大変でも、そうやってすぐに順応される○○さんは、さすがです」などと相手を立てる。

③「先日は、リモート会議の時間をずらしていただき、ありがとうございました。実はあのとき、家族が急に倒れたと電話がありまして、早退させてもらっていたんです。おかげさまで、大事には至らなかったのですが、ご迷惑をおかけして申し訳ございませ

んでした」という相手に対して

↓「別に大丈夫ですよ」「あるあるですよね」「それは、びっくりです」

（理由）

相手とそのご家族を敬わない、極めて軽い言い方である。

たとえ、相手都合の予定変更により自分が迷惑を被ったとしても、第一声は「それは大変でしたね。大事には至らなかったと伺って安心しました」などと声をかけられると品性や温かみが感じられる。

実は私自身、③とよく似た状況で相手に「そういうことってありますよね」といってしまったことがありました。

私としては、「時間をずらしたことは全く大したことではないので、気にしなくていいんですよ」ということを伝えて、肩の荷をおろしてほしかったのです。

ただ、そのことよりも先に、まずは相手やそのご家族の健康面の気遣いをすべきだったと反省し、私自身が、まだまだ至らないことがあることに気づかされました。

幸い、そのときは、その後も相手とじっくりと話す時間を持てたおかげで、ご家族のお話を聞かせてもらい、フォローできたと思いますが、過去には、そうした言葉をいってしまっても、運よく相手が寛大な方であったり、おおらかで寛容な方だから救われていたこともあったかもしれません。

きっとどんな人でも、自分や家族の身に何かが起きたとき、真剣に心配してくれる人がいてくれたら少しは安心できると思うので、体の安否に関わることに対しては、第一声が相手のことを慮《おもんぱか》れる一言になるよう徹底したいと思っています。

軽い言葉には、人を遠ざけてしまう作用があり、相手を慮る言葉には、距離を縮める作用があると考えて、言葉の一つ一つを見直していきたいですね。

最高の聞き手は「そうですか」とはいわない

私は、イメージコンサルタントとして、企業や学校での研修を通し、組織のトップ層や講演者、教育現場で働く人たちへ「伝え方」のアドバイスをさせてもらっています。

そうした中で、相手への想像力を使わない一方的なコミュニケーションが、いかに理想的な人間関係を阻んでしまうことかと痛感しています。

相手に自分の思いを「伝える」ときには、その前に相手のことを知るために「話を聞く」ことが不可欠です。

相手の話を聞くことを「それは重要だとわかっている」といいながらも、「そうですか」「なるほど」を連発し、相槌《あいづち》やうなずきさえすれば、きちんと聞いていると満足している人もいます。

それは相手の情報を音声として受け止めたことにはなりますが、相手から信頼できる人として認識されることになるとは限りません。

相手が話し好きだったり、話すのが得意な人だったらまだしも、内向的で恥ずかしがりの人や、警戒心が強い人の場合は、話したくても話せない状況に追いやってしまうこともあります。

「へー、私だったら、そのような経験、とてもじゃないけれどできませんよ」などと、へり下ったつもりで反応をする人がいるかもしれませんが、それも結局は自分のことを話しているにすぎません。

そこで、最高の聞き手になるためにすることを一つ伝えます。

それは、相手の話を丁寧に聞き、理解しながら、その内容を深く知るために必要な質問をすることです。

「へー、○○さんに、そんなに苦労がおありだったとは想像もしていませんでした。当時、最大のピンチのときに、どんなふうに乗り切られたのですか？」などと質問できたら、話し手は喜んで教えてくれるでしょう。

その後に相手が答えたことに対する反応も大事にしながら会話をつなげて、「傾聴」「受け止め」「気になる質問」「丁寧に反応」を徹底できれば、最高の聞き手となり、同時に最高の会話の相手にもなれるのです。

想像力と質問を活かしていけば、仕事でもプライベートでも、「この人にはつい深い話をしてしまう」と思ってもらえる人に近づけるはずです！

話の回し方に人間性が表れる

会話で自信をつけたいときは、場数を増やすのと同時に、実際に意識して客観的に会話を聞くこともおすすめします。

例えば、テレビやラジオの対談、「Podcast《ポッドキャスト》」（インターネット上で公開された音声や動画を視聴できるサービス）、「Facebook《フェイスブック》」や「Instagram《インスタグラム》」「YouTube《ユーチューブ》」のライブ（生配信動画）、最近では2021年1月末から急速に国内で注目され始めた「Clubhouse《クラブハウス》」という招待制の音声アプリなどを活用することです。

いずれも通信費以外は無料で利用できます（2021年4月現在）。

ある動画では、研修講師をしている女性が「人材」をテーマに、知人の講師をゲストに迎えて番組がスタートしました。

動画が始まってすぐ、「本日はゲストをお迎えしています！　えー、そのゲストは○○さんといって……」と、ゲストの講師を紹介するのですが、動画開始から3分以上、ゲストの講師に話すチャンスを与えずに話し続けており、聞いていて驚きました。

動画に映り込むゲスト講師の表情は、次第に引きつり、私は「早くゲストの講師に話をさせてあげて！」とヤキモキしてしまいました（笑）。

「紹介します」といった人が気分をよくして、そのまま話を延々と続けてしまうことはよくありますので、自己紹介は当のご本人に早々と任せるようにしてもいいかもしれませんね。

また、「Podcast」のある番組で聞いた、女性MCの方が、リスナーからの人生相談について答えていた内容に感動したことがありました。

それは、40代後半で初めて恋愛し50代で失恋したという相談者に対して、女性MCはリスナー女性と同年代だからこそ、「まず、40代後半でその恋に飛び込んだことが本当に素晴らしいことですよ！　そこは自信を持ってください！」と、尊敬の意味を込めて第一声で答えていたからです。

失恋と聞くと「それは不幸だ」「慰めなくては」という発想になりがちですが、瞬時に前向きな視点で意見を伝えられるなんて、目からウロコが落ちました。

そのようなコメントがすぐにできたのは、普段から女性MCが相手への関心や敬いを大事にされていたからこそだと感じられて、すっかり彼女のファンになってしまいました。

さらに、気軽に見られる「Instagram」のインスタライブでは、3人以上が同時に登場する場合、それをまとめる役の人のファシリテーションスキルが試されます。

客観的に話を聞かせてもらう立場にいると「説明がわかりやすい！」「3人のうち、Aさんは退屈そうなのが表情に出てしまっているな」「今の話の振り方は気が利いていて勉強になる！」「説明が長すぎないかな」「イライラしていたのかな。今のは横柄な受け答え方だな」「『本当に』という言葉が多いな」などと気づくことが山程あります。

あるとき「Clubhouse」で6人ほどのグループの話を聞いていたら、散々自分のことを話した挙げ句に、「あっ、あともう一つだけいいですか!?」と、さらに喋り続けた人がいました。

かなりの出たがりだなと感じるような人もいますが、そういう人に対して、周囲がどのように対応しているかを聞くことも参考になるので、身近な教材として活用しています。

私自身は最近、Zoom《ズーム》による某企業が主催の生放送セミナーに講師として出演させてもらいました。

アナウンサーの方が進行してくださり、まるでトーク番組のような要素もありながら、全2回ともに500名近くの受講者の方が参加してくださり、貴重な体験でした。

中でも印象的だったのは、私が質問者の方に答えるとき、「うわ、吉田さん、ご質問をありがとうございます！」「田中さん、私もわかります！　そのようなご質問、嬉しいです」「こういうご質問をしてくださるのは、島田さんがお優しい方だからですね」などと、質問者の方のお名前を口にすると、そのことについてのポジティブなコメントが画面上のチャットに次々と上がってきたことです。

私にとっては、リアルに受講者とお目にかかるセミナーでも、当然のこととして質問してくださる方のお名前を呼ぶようにしていましたが、方法がリモートとなっても、そのことに親近感を覚えてくださる方がいてくれたことが嬉しくなりました。

質問に答えるしきの第一声で、相手がどのような人なのか、私たちは普段から気づかぬうちに鋭く見極めようとしているのかもしれませんね。

様々な人たちの会話を意識して聞いていると、私の場合、「話に慣れている人」や「話がうまい人」よりも、「気持ちよく相手に会話を回せる人」のほうが、知性的で親しみやすく「もっと話を聞いてみたい！」と感じます。

さあ、本書を読み終わりましたら、今度は色々な人の話を意識的に「聞く」ことにチャレンジしてみませんか！

第二章 「嫌いな人」はどう扱うべきか

「嫌い」という感情があるから「好き」が見つかる

本書の目的は、「嫌いな人」がいるあなた自身を否定したり、周囲に「嫌いな人」がいたとしても、その人を好きになる努力をしようなどと伝えることではありません。

歴史に名を残した素晴らしい偉人や芸術家だって、きっと「どうも好きになれない」という人から「殺してやりたいほど憎い」と思う人まで、生涯において一人は存在したのではないでしょうか。

そんな偉業を達成するような人には（結果として偉業となった場合も含め）、常に嫉妬する人、邪魔する人、脅かす人、貶めようとする人、裏切る人などの敵が存在し、様々な逆境や孤独、そして残酷なまでの運命と向き合ってきたに違いありません。むしろ「いい人」ばかりに囲まれた環境下では、偉業につながるアイディアやイノベーションが生まれなかった可能性もあります。

誰かへの怒りや憎しみ、嫉妬などが原動力となって人々を突き動かし、「偉人でさえも嫌だと思う人はいた」という前提を踏まえながら、細々と歩んできた私自身の人生を振り返ると、まるで悪夢と思えるような出会いが2回ありました。

1回目は会社勤めが始まってすぐに指導してもらった新人社員時代の先輩で、2回目は会社員を辞めてフリーランスとして働いて2年目くらいのときに講師の仕事を通じて知り合った人材紹介会社の社長です。

なにもこの場で、二人の悪口を綴《つづ》りたいわけではありませんので、安心して読み進めてください！

二人に共通するのは、感情的に「キレる」という特性を持っていることでした。怒鳴られ、睨《にら》みつけられ、腕を引っぱられ、長時間の説教をされるなど、一時期は散々な目にもあいました。

他方で、彼女たちはずば抜けて仕事ができるという一面もあり、当時、彼女たちの考える期待値に応えられない私のことを許せなかったのかもしれません。

ある日、人材紹介会社の社長が送ってきた添付ファイルが文字化けしてしまい、確認が数時間遅れたということで、週末の夜遅くに社長が私に電話をしてきたことがありました。

一時間近く文句をいい続けた挙げ句、「あなたに話をするために、私は長野の別荘から休暇中に電話をしているので、通信費として電話代を請求しますから！」と怒号され、電話をガチャンと切られたときは身震いしました。

休みの日に自分から電話をかけておいて請求とは……と、呆れ果ててしまいました（実際に請求書が届き、周りには支払う必要はないという人もいましたが、一日でも早く彼女との関係に終止符を打ちたかった私は「手切れ金」として支払いました）。

まずは、自分のことを振り返り、改善すべきところに注力しながらも、第三者の視点から起こっていることを冷静に分析することが第一歩です。

当時、私が信頼するマネージメント経験の豊富な知人たちに、こういった「キレる人」のことを相談すると「仕事でキレる人とは即、縁を切るべき」という意見が圧倒的多数でした。

キレる相手がキレないよう天に祈るような時間を費やすより、仕事を着実にこなしつつ、自分がいかにその人と適切に距離を取るかを考えるほうが生産的だと考えるようになりました。

フリーランス時代には、電話料金を支払って縁を切ることができましたが、会社員時代は組織に属していましたから、そう簡単にはいきません。

会社員時代の先輩は、入社一年目の仕事覚えが悪い私の腕を引っ張り、ロッカールームへ連れていくと、大きなため息と同時に、「なんでこんなことがわからないの！」「あなたは組織に必要なのかしら」と大激怒。また、ミーティング中に私が言葉に詰まると、ものすごい形相で睨み、無言の圧力がすごいのです。

今思い出すだけで、体中に緊張が走るほどです（笑）。

そんなふうに怒りの感情をぶつけられて、たまに会社のトイレですすり泣いて目を真っ赤にすることがあると、同期に「どうして珠央は泣いているの？　仕事は楽しいじゃない！」といわれ、愕然《がくぜん》としたのでした。

当時、仕事は好きで、チャレンジしたいこともたくさんありました。

そこで、たった一人の先輩のために仕事を楽しめないなんて悔しいと一念発起し、当の先輩にいわれたことを積極的に実践し、それをアピールしたところ、結果として、先輩は「普通」に接してくれるようになり、だいぶ仕事への自信を持てるようになりました。

改めて当時を思い出すと、彼女たちの頭の回転の速さや仕事ぶりは秀逸だったと思います。

「キレる」点を除けば、仕事のスピードと確実性には憧れますし尊敬に値します。

そういう人たちを、そばで見て学ばせてもらえたことは私にとって幸運でした。

そして、彼女たちに最も感謝したいのは「こんな状況をなんとかしたい!」と苦しみ、もがいたことで、仕事への取り組み方や人づき合い、さらにはキャリアについてとことん考え抜き、新たに挑戦するきっかけも与えてもらえたことです。

そこまで自分を追い込んでくれた強烈な人たちからは、確実に「こうはなりたくない↓だから私はこうなりたい」という明確な自分の姿を見出し、目標を設定することを学べた気もします。

このような、嫌な経験があるからこそ、心底、自分が進みたい道がわかるのだと実感したのです。

つまり、「嫌いな人」からは反面教師という意味で、行動のヒントをもらっているはずなのです。

「嫌い」という感情を持つと、どうしても「自分が未熟だから」「我慢しなきゃ」などと、自己反省へと突き進んでしまうこともあります。

しかし、「私だったら、こんなふうに対応してみる」「私だったら、キレるなんてことなく、うまく伝えられるのに」などと、嫌いという感情から得たことを有効活用し、そういう人たちを踏み台（失礼！）にさせてもらえばいいのではないでしょうか。要は、転んでもただでは起きないということです！

そこで、相手を嫌いだと感じたときに、以下のようなステップで考えてみることをおすすめします。

〈「嫌い」という感情が起こったときの考え方3つのステップ〉

①「嫌い」であることに自信を持つ

「嫌い」という素直な感情を抑え込もうとしたり、嫌悪感を持たなくていい。

「嫌い」の正体を明確にすれば、自分が守りたいことや、目指したい姿が見えてくる。

「嫌い」をいったん認めるからこそ、「何が」「なぜ」「どうしたい」という自問自答への準備が整い、極端に自信を失わずに「では何ができるのか」「努力で解決することはあるのか」「自分はどうありたいか」という目標を見出し、新たな発想が生まれる。

②「嫌いな人」でも認めるところは認める

自分の感情をごまかしたり、嫌いな相手を「好き」になるためではなく、客観性を持って相手や自分の状況を観察し、冷静に対処できるようになる考え方である。

相手に自分よりも長けている点があるときに、「嫌悪感」ではなく、「嫉妬心」を覚えることもあるので、その場合には嫉妬心をバネにして自分も努力すればいい。

「大嫌いだが文才は認める」「言葉は酷いが、決断力に関しては見習うべき点がある」などと客観的に分析できると、自分の成長につながりやすい。

③「嫌い」という感情を抑えきれず、追い詰められたときは見切りをつける

「キレるから嫌い」だとすれば、相手が変わることはないのだという現実をまずは受け入れる。

「なぜこんな人に出会ってしまったのだろう」と深く絶望したほうが、スパッと諦められる。

その状況を我慢し続けていると、うつ病の発症など余計に精神的に追い詰められるだけなので、組織であれば転職の準備に取りかかるなど、心身ともにリセットを決意する。

人生の目的は「嫌いな人を好きになる」ことでも「嫌いな人を作らない」ことでもありません。

「自分の人生を好きになる」ために、そして「充実した時間を手に入れる」ために、私たちはとことん考え抜いてみたらいいのです。

「嫌い」という感情から何を得られるか、という貪欲さを持てるようになれたら、誰もがさらに人生の豊かさを向上できるのではないでしょうか。

さあ、自分の内なる声を大事にしながら、あなたの中にある「嫌い」に対して、さらに深く向き合ってみませんか。

無神経な言動には「シミュレーション」が有効

20代の頃、仕事やプライベートのつき合いの中で「この人はちょっと無理かも」と感じたとき、「人を嫌いになってしまう、ちっぽけな自分にうんざり」「私のメンタルが弱いからなのか」などの気分になることがありました。

30代になってからも、誰かの無神経な言動に対してうまく反応できなかったり、ヘラヘラと作り笑いでごまかしてしまったときは、あまりに情けなく、帰宅後に嫌悪感で涙がこぼれたこともありました。

そういった経験を通してわかったこととは、無神経な言動に対するシミュレーション（予行練習、以後「シミュレーション」とします）の大切さです。

そのおかげで、現在は無神経な人と出会っても、堂々と対応できるようになり、かつて感じたような悔しさややるせなさがだいぶ減るようになりました。

シミュレーションといっても、決して相手を論破したり、張り合うためではありません。

シミュレーションをすることで、「この人と深く関わる必要はないのだ」「淡々とやり過ごせばいいだけのことだ」という確固たる思いを持ちつつ、穏やかな態度でいられることを目指すのです。

無神経な言動をする人たちは、相手の置かれた社会的立場や状況（役職、休職中、失業中、未婚や既婚など）に目をつけ、自分が正しいと思い込んでいる価値観を勝手に押しつけたりします。

例えば、独身の人には「結婚はまだなの？」、結婚しているカップルには「子供はまだなの？」、団塊世代の人には「お孫さんはいつなの？」などとしつこく尋ねることがあります。

また、「コロナ禍で、お勤め先の飲食店は大丈夫なの？　潰れない？」といった失礼な聞き方をする人もいます。

そういった人に遭遇したときは、「またその話ですか。なんだか、尋問されているみたいだな〜」と、ときに呆れた様子で呟くように伝えてみるのも効果的です。

「勤務先が潰れるのを待っているんですか？　なんて冗談ですけど、なるようにしかならないので、見守ってください」など、一瞬相手がはっとするようなことをいってみてもいいかもしれません。

自分一人ではどうにもならない結婚や出産、孫の誕生のことなどを何度も質問したり、人前で軽々しく答えづらいことを聞いてくる人に対し、無理をして明るく装い、反応する必要はないはずです。

ときに、「どうしてそんなに気になるの？」と相手に質問を投げかけるのもおすすめです。

「あの人は、また無神経なことを聞いてくるのではないか」と事前にシミュレーションをしておくだけでも、落ち着いて対応できるようになるのです。

問題解決の研究を心理学史上初めて行ったアメリカの心理学者ソーンダイク(Thorndike)は、「練習の法則」として、「ある事態で同じ反応が何度も行われると、その反応は同じ事態に再び遭遇したときに行われやすくなる」と説明しています。

本書で述べているこの「シミュレーション」も、繰り返し行っていくうちに、より実際の事態への対処がうまくなっていくと考えられます。

そもそも、結婚や出産の考え方は人それぞれですし、したいと思っていても、人にはいえない悩みを抱えている人もいれば、社会的な結婚という制度に全く価値を見出していない人もいます。

それなのに「まだなの？」「いつなの？」などとしつこく聞くことは、多様性を考慮することのできない、もはや時代遅れな質問なのです。

社会的な枠に相手をはめようとする質問よりも、「外出自粛中の食事は、どうされていました？」「最近はリモートワークが多いのですか？」「嫁がれたお嬢さんは元気にされていますか？」など相手が答えやすい質問をしたほうが、会話は弾みます。

親しい間柄であれば、「最近、人間ドックに行かれましたか？」「白髪は染める派？染めない派？」「ネットフリックスで号泣した韓国ドラマがあったんだけど、興味ある？」といった質問のほうが、ずっと会話が盛り上がるのではないでしょうか。

あなたが答えづらいと感じている質問を思い浮かべ、近々、会うかもしれない人をイメージしながら、早速、シミュレーションをしてみませんか。

「子供がいない人にはわからない」といわれたら？

様々なビジネス研修動画をオンライン上で展開する企業のコンテンツに、ビジネス書作家が著書について語るという人気のオンライン番組があり、光栄なことに私がゲストとして出演させてもらったときのことです。

60分番組の最後には質疑応答のコーナーがあり、ライブで視聴してくださっていた数百名の方々から、たくさんの興味深いご質問をいただきました。

その中のご質問で印象的だった一つを紹介します。

質問者の女性Aさんは、友人Bさんと会話をしていて、「子供のいない人にはわからない」といわれて傷つき、その後もBさんに対してのモヤモヤが消えず、Bさんからいわれたことを忘れるべきか、本人に直接、そのことを伝えるべきか、どうすればよいでしょうといった内容でした。

「子供のいない人にはわからない」ということを子供がいない人に話すのは、無神経の極みであるといえます。

中には相手との関係性に安心しきっており、感情任せに頭に浮かんだことを伝えてしまう場合もあるでしょう。

まず、妊娠や出産というのは、パートナーがいるいないということにかかわらず、年齢や心身の健康状態、生まれ持った疾患など、多くの要素が絡み合う問題ですから、そんなに単純なことではないという前提が必要かもしれません。

そこで、Aさんへの私からの回答としては、「まずは自分の価値観を明確にする」ということでした。

「私はあの発言によって確実に傷ついた」ということを受け止めて、モヤモヤの正体を言葉によって具体化できれば、冷静になれるからです。

例えば「『子供のいない人』といって、私の心を苦しめる人と無理につき合う必要はない」「思っていることをすぐに口にする無神経な人とはウマが合わない」などです。

その上で、その後も相手との関係を続けたい（続ける必要がある）のであれば、改めて、相手はそういった発言をする人でもあると心の折り合いをつけて、つき合い方を考えていけばいいのです。

「今回はたまたま悪気もなく、うっかり口にしてしまっただけかも」と考えてもいいですが、残念ながら人が言葉で発する内容は「うっかり」では済まされず、それが本心だったり、価値観の根幹だったりすることも事実です。

縁は切りたくないけれど、何事もなかったことにはできない場合は、「子供のいない私は、何も役に立てそうにないのかな。ちょっとショックだな」などと、相手に自分の率直な気持ちを伝えてみて、その反応を見てみるのはいかがでしょう。

そのときの相手の反応が、「あなたを傷つけてしまって本当にごめんなさい」「実は、あんな酷いことをいってしまって、ずっと後悔していたの。ごめんなさい」などというもので、相手も一緒に苦しんでいたことがわかれば、もう一度、相手を信じてみようと思えるかもしれません。

誰かの心ない言葉に傷ついたとき、「そんなことをいわれたら、ショックです」「そんなふうにいわれたら落ち込みます」「それはいくらなんでも傷つくな」「そこまでいわなくてもいいんじゃないですか」などと真っ直ぐな気持ちを相手にはっきり伝えることも必要です。

無神経な言動を取る人の中には、相手を傷つけようなどとは微塵《みじん》も思っていない人もおり、傷ついた気持ちをぶつけてみると、「えっ、そうだったの。そんなつもりじゃなかったのに、本当にごめんなさい！」などと驚いて謝罪し、その後、十分に気をつけて接しようとしてくれる人もいます。

相手に対して心の中で「察してよ」と願ったところで、それは不可能です。

無神経な言動に対しては「我慢」とか「反撃」といった極端な受け止め方をするよりも、自分の感情をスマートに、かつ気軽に口にできる方法を取れるようになれば、きっと、より生きやすくなるのではないでしょうか。

相手や場面によっては、かなりの勇気を要するかもしれませんが、あまり深刻になりすぎず、軽やかに考えてほしいのです。

もし、どうしてもいいにくいという場合には、『子供がいない人にはわからない』か……」と相手がいったことを平静な口調で反復することで、相手はもしかしたらあなたの真意に気づくかもしれません。

傷つくことをいわれたとき、自分だけがモヤモヤを抱えるのではなく、その場で相手の真意を探ってモヤモヤを解消し、あなたらしく前へ進んでいきましょう。

嫌いな人に会う前に「準備リスト」を作ろう

どうしても好きになれない人や、極度に緊張したり、イライラさせられて一緒にいることが苦痛に感じられる人というのは、誰にでも一人くらいは存在するのではないかと思います。

そのような人と会わなくてはいけない日が近づくと、胸がチクチクして「あぁ、気が滅入る」と重々しい気分になることもあるでしょう。

さらには無神経な人と別れた後に「なんで相手に好き放題いわれて、自分は何もいえなかったんだろう」などと、相手の言動に対して自分だけがストレスを感じ、やるせない思いを味わった経験はありませんか。

よくよく考えてみると、人を嫌いになることは、人を好きになることに比べて実に非生産的で面倒です。

例えば、嫌いだと思っている相手からいわれたことを、一日引きずって集中力を奪われたり、週末もふと思い返してイライラし、映画を観に行ってもあまり楽しめなかったとしたら、なんという時間の浪費でしょう。

といっても、嫌いな人のことを「考えないようにする」「なかったことにする」などという荒療治では、余計に頭の中がその人のことでいっぱいになってしまうこともあります。

ですから、むしろそういうときには一度、徹底して自分の素直な気持ちと向き合うべき、というのが私の考えです。

そこで、そういった余計なストレスをなくし、非生産的な時間を過ごさずに済むよう、個人的な「準備リスト」を作って実行することをおすすめします。

まずは、嫌いな人に会わなくてはならないとき「どうして自分だけがこんなに嫌な思いをするんだ！」と毎回感じるようなポイントを具体的に書き出してみましょう。

同時に、そういった苦痛を軽減するための具体的なアイディアも書き出します。細かな決まりはないので、思いつくままに書いてみましょう！

〈準備リスト〉

①「なぜあの人と話すことが苦痛なのか」をピンポイントで突き止める。

仮に、「相手の威圧的、高圧的な話し方に萎縮してしまい質問にうまく答えられない」ということであれば、想定される質問（「あのプロジェクトは進んでいる？」「最近、順調？」「あれから彼氏とはどうなったの？」など）を具体的に書き出し、それに対する反応も考えて書いてみる。

「〇〇さんに会うと、『まだその会社にいるの？　色々と経験しないとだめだよ』と説教されるので、『今のところ、以前と何も変わっていませんが、先のことを自分なりに色々と考えながらやっていますよ』と自信のある表情で反応する」など。

「自分なりに」ということで「あなたにいわれなくてもやっていますから介入は結構」というニュアンスが伝わる。

また、「今のところ」という制限つきの言い方にすることで、今は今、その先はその先で計画があるように思わせて相手のツッコミをかわす。

②実際に声に出して練習してみる。

自分の名前や電話番号のように、日頃から何度も声に出していることは、間違えずに話すことができるので、①の内容を実際に声に出して練習する。

さらには、鏡の前で穏やかな表情ができているかチェックする。

緊張したときでも穏やかな表情が自然に出てくるようになるまで、表情筋を慣らしておく。

その際に、姿勢を真っ直ぐにし、肩甲骨を後ろで引き合わせるように胸を開き、肩の力を抜く。

はっきりと発声して話すことで、堂々とした印象で振る舞えると、より効果的。

相手と会う当日の動線をイメージして、挨拶やお辞儀をするタイミングなども一つ一つイメージしておけば、さらなる自信がつく。

これは、「場所づけ法」という、古代ローマきっての雄弁家であり哲学者、政治家でもあったキケロ（Cicero, M.T.）が原稿の暗記に用いた方法に近い考え方である。

キケロは、「導入部は玄関」「エピソードはキッチン」などと、自分のよく知る場所とスピーチの内容を組み合わせ、順に覚えたといわれている。

苦手な人と会うときの場所（遭遇しそうな街並み、会議室、レストランなど）のレイアウトをイメージしながら、想定される会話での反応（例えば「はい」「承知いたしました」「さすがですね」など）を、自然な体の動きをつけながら、ゆっくりと抑揚をつけて話せるように練習しておく。

③自分が傷つきそうな相手の発言を想定し、反応を準備しておく。

「まだ結婚してないの？」↓「『まだ』って失礼でしょう！」「この間も聞かれたばかりですから、今日『はい、します』ということはないでしょう！」

「正社員じゃなくても大丈夫なの？」↓「正社員もリストラに減給にと、大変そうですよね」「仕事があるだけで、ありがたいです」「大丈夫も何も、一日一日、精一杯やるしかないでしょう」など。

④「嫌いな人と話していると何を話したらいいかわからなくなる」にどう対処するか。

優先順位をつけて話の内容と着地点、質問などを決めておく。

話が脱線したとしても、「そういえば」「そうそう」などといって、優先順位の高い質問内容に話を戻し、肝心な情報を聞き逃すことを防ぐ。

相手の答えが短かったときには、「そのことに関して、もっと詳しく伺いたいのですが、教えてもらってもいいですか？」「うわ、そうだったのですね。これまであまり読まなかったミステリーを読もうとされたきっかけは何だったのですか？」などと、もう一歩、深いことを話してもらえるような質問も取り入れる。

話が途切れた場合は、飲み物を飲んで「ふぅ」と息を吐き出して呼吸を整え、沈黙を味わうくらいの余裕を見せる。

自分が話すボリュームよりも相手が話すボリュームを意識し、相手と自分の割合が「8：2」もしくは「9：1」になるように会話を設定しておく。

嫌な人との会話ほど、相手の話を聞くことに徹したほうが、神経をすり減らして言葉を選ぶ労力を削減できて余裕が生まれる。

⑤「無神経なことをいわれて、どう反応したらよいかわからない」ときにどうするか。

「そんなことも知らないの」「誰でも知っていることだ」などといわれた場合には、「お詳しいんですね」「それじゃあ、ぜひ教えてください！」と、はっきりといえるよう練習しておく。

仮に後輩に「そういう恋愛論は昔のもので、今はないですね」などとぐさりといわれたら、「『昔』って、ひどいね！　じゃあ『今』のことを教えてよ！」などと、ときに率直に、ときにユーモラスに、堂々と答えてみる。

嫌味や、明らかに不快なことをいわれた場合は、はっきりと「うわ、それはさすがに傷つきます」「そんなふうに思われていたとは、とても残念です」「その言い方は誤解されやすいから、他でいわないほうがいいかもよ」などと伝える。

こういった「準備リスト」を会話のリハーサルと考えて、ぜひ活用してみてください。リハーサルで何度も練習をしていると、ごく自然に振る舞えるようになり、嫌な人との会話に対応できる自信につながります。

何より「嫌な人」「苦手な人」との会話を特別視するよりも、「その緊張感が自分を成長させる！」「嫌な人の一人や二人、いて当然！」などと捉えたほうが、気持ちがラクになるものです。

最初は演じているように感じられても、やがて、泰然と構えて反応できるようになっていきます。

苦手な人と話すことに自信を持てないのは、「できない」のではなく、「リハーサルが足りていない」だけなのですから。

「嫌いな人」の前で有効な表情とは？

私たちには、自分を脅かすものの信号を見落とさないよう、脅威を優先的に処理し、すばやく対応できるための重要な心的機能が備わっているそうです。

つまり、誰かの無神経で無作法な言動によって私たちが「許せない！」と怒りを募らせ、不快感でいっぱいになっているとき、それがあなたの表情（表情に連動して声や体の震えなどに表れている可能性もあり）に出ていて、相手にも伝わっている可能性が十分あるということも意味します。

あえて、自分の不快感を相手にわかってほしいという場面もあるかもしれませんが、それを見せてはいけない場面や、見せたくない場面では、どうしたらよいのでしょうか。

それはずばり、怒ったときほど口角を上げておくということです。

何もニヤニヤとすることはありませんし、歯を見せるほどの笑顔にする必要もありません。

怒りの感情を抱くと、歯を食いしばったり、口元にぎゅっと力が入りすぎてしまうので、普段の表情に戻るイメージで口角を上げるだけですから、簡単です。

このとき、同時にゆっくりとした呼吸を意識してみると、興奮している気持ちが鎮まり、落ち着いて話せるようになりますから、ぜひ試してみてください。

私が伝えたいのは、怒りの感情を抑えるということよりも、「今、自分は他人からどのように見えるか」という客観性を持ち、「ありたい自分」としての表情、話し方、接し方を自分でコントロールするということです。

これによって、嫌いな人や苦手な人に自分の負の感情を見せてしまった、などと感情が乱されることもなくなります。

今は顔認証で立ち上がるパソコンもあります。

その顔認証システムが「怒りの表情のときには作動しない」ようになっていたとしたら、あなたはどのような表情でカメラを見つめますか。

そうです！　その穏やかな表情です。それができれば、どのような人や場面に遭遇しても、悠然と落ち着いて受け流せるようになるのです。

嫌いな人と接するときの「自分」を好きになればいい

「なぜか一緒にいるのが苦手な人」というと、どなたの顔を思い浮かべますか？

私はといえば、ずっと以前、自社の管理システムを依頼していた会社の営業担当Bさんの顔が浮かんできます。

当時、年に数回、Bさんの会社が管理するシステムに不具合が生じることがあったのですが、そのときのBさんの言動の数々に、どうしても納得できなかったのです。

それは「一切の責任を負いたくない」「謝ったら負け」といった彼のプライドが言動

の随所に表れており、高圧的な姿勢で対応してくることが多かったからです。

あるとき、こちらからある重要な質問を数回したにもかかわらず、1週間以上も回答がありませんでした。その挙げ句、「お待たせして申し訳ございませんでした」という一言もなく、「お世話になっています」から始まるメールには、回答しか書かれていませんでした。

システム不具合の際も、Bさんは「ご迷惑をおかけしております」「残念でございます」といった、「謝罪まがい」のような言葉しか使いませんでした。

「謝罪まがい」といったのは、「ご迷惑をおかけしております」というのは、謝罪の意味も含まれるでしょうが、「ご迷惑をおかけして、申し訳ございません」とセットで使うことで、初めて真摯な謝罪の言葉に聞こえる気がするからです。

また、「残念でございます」という文章には、「それは、こっちがいうセリフ！」と思わずツッコミたくなるほどです。

企業による何らかの謝罪会見でも「誠に遺憾です」という言葉を、終始繰り返すだけで、具体的な謝罪は述べず、責任の所在を曖昧にするような幹部クラスの人もいます。

曖昧な言葉を使えば使うほど、謝罪の意思がないという不誠実さを猛烈にアピールしているのに、それに気づかないとは、まさに遺憾です。

話を戻しますが、ようやく私の苦手なBさんの会社と解約する準備が整い、これまでお世話になったという感謝の意を電話で真摯に伝えました。すると、取り繕ったような声で「いえいえ」などといって、いかにも「お世話してあげた側」のような態度を取られたことには辟易《へきえき》しました。

今でこそ、このような状況に対し、平然と乗り切れるようになった私ですが、20代の頃は、Bさんのような人と遭遇すると、次の①から③の順に感情が流れることがしばしばでした。

①苛立ち、落ち込む
②なんとか相手を好きになろうと努力する（しかし、できない）
③自分の精神的な弱さを恥じて、自己嫌悪に陥る（②がうまくいかず、さらに相手への苦手意識が増していき、ついには自分を責めてしまうため）

苦手な人に出会うたびに、自分のことが嫌になり、自信を吸い取られてしまうようなサイクルに陥っていたことは悲惨でした。

ところが、現在の私は、全く別の視点で対応できるようになりました。

別の視点というのは、「苦手な相手と一緒にいる自分を好きになること」に力を注ぐということです。

苦手な人を目の前にしたときに、自画自賛で惚れ惚れするような「自分」の態度とは、私の場合でしたら、「感情的にならず、落ち着いて相手とやり取りでき、目的を達成する」というイメージです。

相手にしてほしい具体的な要望の提案ができて、その言動に対する自分の苛立ちや怒りを相手に感じさせることなく、しなやかにコミュニケーションを取れる自分でいたいのです。そして、そんな自分を好きになりたいと考えているからです。

さらには、「なんて失礼な態度なんでしょう」「ありえないほど無礼ですね」「誠実さの欠片《かけら》もありませんね」「それでよく営業だといえますね」などと相手を傷つけたり、怒りを買うような負の感情から出てくる言葉は一切、使わないよう注意します。

その理由は2つあります。

一つ目は、負の感情を口にすることで、余計に気持ちが高ぶり平静さを失ってしまう可能性があるため。かつ、そうしたことを口にした後、疲れるのも、後で恥ずかしいと後悔するのも自分だからです。

2つ目は、気持ちを込めて話したとしても、それを汲み取ろうとしない相手であれば、さらに腹立たしくなるため。怒りや憎しみの感情に余計に自分が支配されやすくなるからです。

そこで、苦手な人に対して、どのような自分であれば、「私、よくやっているぞ！」と自分のことを好きになれるかを考え、明確にし、それを実行するのです。

そして「苦手な人に対して、私は大人の対応ができた！　そんな自分が好きだ！」「私はうまくやっているぞ！　いいぞ、いいぞ！」という到達点を目指します。

つまり、好きになるのは相手ではなく、「自分自身」であればいいわけです。

苦手な人とのコミュニケーションは、自分自身の対応力をワンランク向上させ、自分を今まで以上に好きになれる絶好のチャンスだと捉えてみましょう!

「嫌な人」と出会ったときの8個のメリット

誰かを嫌いになったり、苦手だと感じてしまったとき、大概の人が「こんな人と出会ってしまうなんて、ついてない」とネガティブに捉えてしまうのではないでしょうか。

そんなとき、イライラして自信を失い、「いつも威圧的にものをいってくる課長に会うのがしんどい」「冷たくて否定的なことばかりいう人だけど、主治医だから仕方なくつき合うしかない」などと感じることがあれば、日に日に心がすり減ってしまいます。

本書に出てくる私自身の苦手な人のエピソードは、すでに過去のことですが、身近な場面で「うわ、この人、苦手だな」と感じることも当然あります。

例えば、明らかに横柄な態度で不機嫌に接してくる店員や、タクシードライバー、たまたま問い合わせたコールセンターで心ない受け答えをしてくる担当者などです。

そういう人たちにも何かしらの事情があるのでしょうが(疲労困憊《こんぱい》で不調だとか家族の問題を抱えているなど)、お金を払った上に嫌な気分にさせられると、余計に腹立たしくなります。

そういった経験をしたとき、実はいくつかのメリットを得ていることに気づきましたので、紹介させていただきます。

〈「嫌な人」と出会ったときの8個のメリット〉

①家族に優しくなる

嫌な人と出会って、腹立たしかったり傷つくたび、自分には安心感を与えてくれる家族という最強の味方がいるのだという思いが強まる。

そんな家族をより愛おしく感じられて、「当たり前だと思っているけれど、本当はとても恵まれているんだ」と感謝し、「もっと『ありがとう』『好きだよ』と伝えてみよう」「美味しいご飯を作ってあげよう」などと感じられる。

②友人を大切にしたくなる

「気の合う他人」の存在は特別なものなのだと再認識でき、親しい友人に「元気にしてる？」などとコンタクトを取りたくなる。

そういったやり取りによって、友情をおろそかにしていないか、改めて気をつけることができる。

③心の拠り所（楽しいこと）を見つけようとする

感情が乱れたことをきっかけに、「そうだ、優しい気持ちになれる本を読もう」「部屋の模様替えをして気分転換しよう」「目の前のことが小さく思えるような、壮大なテーマの映画を観てみよう」などと、ポジティブな行動が促されるようになる。

嫌な人と出会わなければ、あえて自分を癒そう、楽しいことを探そうと思わないかもしれないので、人生をより豊かにできるチャンスとなる。

④体を労《いたわ》ろうとする

ストレスを感じたときは、心身の状態を振り返るきっかけにもなる。

「久しぶりに湯船に浸かろう」「今夜は1時間早く寝よう」「ウォーキングで有酸素運

動して、スッキリした気分になろう」「美味しくて栄養のあるものを食べてパワーをつけよう」などと自分の体をより大事にしたくなる。

⑤自分の価値観を見直す好機となる

「なぜ、こんなに傷ついたのだろう？」「私自身に何か原因があったのか？」と自分と対峙《たいじ》することで、自分の大切にしている価値観に触れることができる。

例えば、不遜な人に出会ったときは、「私自身は、相手への敬いを言葉にする人でいたい」とか、プライドが高くて無礼な人と出会ったときは、「自分に非があるとき、すぐに謝れる素直な自分が好きだ」などと考えることができる。

⑥味方を増やそうと行動する

傷ついたり、納得がいかないときに、親身に話を聞いてくれたり、励ましたり共感してくれる人の存在がどれほど大きなものかを痛感する。

それによって、新たな出会いを積極的に捉えるようになる。

普段の生活の中ではそんなに困ることがないので、自分にとって必要な人を探そうという発想にはならないが、窮地に立たされると行動を起こしやすくなる。

⑦自分の強み・弱みを知ることができる

誰かの失礼な言動に感情的にならなかったときは、「我慢強い」「信念を貫ける」といった自分の長所に気づける。

感情的になってしまったときには、「苦手な相手のことを引きずってしまう」「相手の言葉に敏感に反応しすぎてしまう」などという自分の弱い部分を知ることができるなど、客観的な視点を養える。

⑧レジリエンス（弾力性）を強化できる

健康心理学者であるケリー・マクゴニガル氏によると、「ストレスを感じたり、不安を受け入れると、困難にうまく対処できるようになる」という研究結果がある。

そのことによって、ストレスに対するレジリエンスを強化できるため、「嫌な人」

に出会うことで、出会う前よりもメンタルをしなやかに鍛えられていることになる。

さあ、これほどにメリットがあると思うと、逆に嫌な人に会ってみたくなりませんか（笑）。

効果の程は、ぜひ、あなたご自身で体感されてみてください！

マスクを着けない人へのベストな声かけとは

新型コロナウイルス感染症が日常の生活に脅威を及ぼすようになった2020年以降、マスクを着けることや、咳やくしゃみをしたときのマナーをはじめ、多くの人が周囲の人の一挙一動に敏感になっていることを肌身で感じます。

また、新型コロナウイルス感染症によって大切な人を失ったり、生活が立ち行かないほどの大きな打撃を受けている人、感染後の後遺症に苦しむ人、医療従事者とそのご家族などへの配慮ある言葉選びについても気になるところです。

「このガム、味がよくわからないな……。俺、コロナかも！」「いっそのこと、コロナにかかって会社を休みたい」「コロナのおかげでマスクが飛ぶように売れてラッキーです」などと、ためらいもなく話している人たちがいるとすれば、それには紛れもない違和感や憤りを覚えざるを得ません。

新型コロナウイルス感染症によって、商売で利益が上がった人がいたとしても、「コロナのおかげで」という不謹慎な言い方よりも、「コロナの影響で」としたほうが知的で気遣いのある人として安心感を抱きます。

先日は、通りかかったレストランの入口で、検温しなければいけないことに気づかず入店しようとした男性が、「検温しないと中には入れません！」と、かなり強めにお店の男性スタッフから呼び止められていたところを目にしました。

そのスタッフは、感染リスクへの危機感や責任感があってそのような声かけをしたのだとは思いますが、その声かけが「脅迫」のように聞こえるか、「協力の要請」に聞こえるかは紙一重です。

「あっ、恐れ入りますが一度、こちらで検温をさせていただけますか？」とやわらかなトーンで協力をお願いする姿勢であれば、相手に恥をかかせることなく、丁寧な依頼として伝わるはずです。

その逆も然りで、店員が入店するお客に消毒をお願いしたときに「もうやったよ」と苛立ちをあらわにする人がいると、なんとも心寂しく感じます。

感染リスクに対する気の緩みは命取りですが、命令口調や脅しているかのような伝え方は相応しくありません。

私自身、マスクを着けずに、激しく息を切らして汗びっしょりになってジョギングをする人が至近距離で通過する際には恐怖を感じますし、条例によって歩きタバコが禁止されている区内でタバコを平然と吸う人とすれ違うときは、うんざりしてしまいます。

だからといって、そういう人たちに「マスクを着けてください！」「歩きタバコは条例違反です！」などと立ち向かっていくつもりは毛頭ないですし、関わりたくないというのが正直なところです。

このような、見知らぬ人による不快な出来事は、一瞬のこととしてやり過ごせるとしても、職場でマスクを着けずに会議に参加する人がいたり、しつこく飲み会に誘ってくる人がいたらどうでしょう。

同僚であったとしても、人によってはいいづらいこともあるでしょうし、相手が上司やお客様であれば、なおさら断りづらく、ストレスが溜まる一方になります。

職場にマスクを着けずに話しかけてくる人がいる場合、どう対応すればいいのかという質問を受けたことがあります。

「マナー違反ですよ。今すぐマスクを着けてください！」というのは、その後の関係性を考えると躊躇《ちゅうちょ》しますが、「あの、もしよろしければ、耳が痛くならないマスクの予備を持っているので、〇〇さん、ぜひ使ってみてください！」と優しいトーンで声をかけてみたらどうでしょう、と私は答えました。

「マスクを着けてもらう」という目的の達成と同時に、信頼関係までもが好転していく可能性もあります。

マスク一枚分のコストはかかってしまうかもしれませんが、一度、試してみる価値はありそうです。

あるいは、「私の席はエアコンの風が当たりやすくて、空咳が出ることがあるんです。私の飛沫が〇〇さんに影響を及ぼすことを考えると申し訳ないので、マスクを着けていただけると安心できるのですが、いかがでしょう」などと、相手の安全面を考慮した伝え方も効果的かもしれません。

もしそれでも「私はマスクが嫌いなんですよ」などといわれた場合には、「そうですよね。私もわかります。ただ、こういうご時世ですので、ぜひお願いできませんか?」と、堂々と伝えてみましょう。

なかなかいい出せない状況にいる方の場合は、相手の上司、そのまた上司に相談するなどして、ご自身、ひいてはご家族の身を守ってほしいと切に願います。

「お願い」と「提案」を上手に使い分け、丁寧さを忘れなければ、感染という脅威に私たちが大切にするものを奪われることはないと信じています。

第三章　「必要とされる人」になるために欠かせないこと

即「お礼」を徹底せよ

何年も前に友人から聞いた話です。

ママ友のCさんから「子供のピアノの先生を探しているのだけど、誰かいないかしら？」という相談を受けた私の友人は、当時自身の子供がお世話になっていたピアノのB先生のことを話しました。すると、「ぜひ、紹介して」といわれ、すぐにB先生にコンタクトを取りました。

すると、B先生からは「紹介してもらっても結構です」という了承の返信が来たので、すぐさまCさんに連絡先を伝えたのでした。

その後、頭のどこかで、「二人はどうなっただろう？」と気になりながらも、Cさんからも、B先生からも連絡がない状況が続いたそうです。

そうして1カ月くらいが過ぎた頃、子供のピアノレッスンを終えた私の友人が「B先生、Cさんとはその後いかがですか？」と聞いてみたところ、「あっ、Cさんのお子さんには、もう2回ほどレッスンをしましたよ」という答えが返ってきたといいました。

友人は、どこか釈然としないながらも、「それはよかったです」と伝えたのです。

さらに、その後、その友人が道でばったりCさんに会った際、「そういえば、お子さんはピアノのレッスンは楽しんでる？」と聞くと、「あっ、そうそう。あなたが忙しそうだったから伝えていなかったんだけど、まあまあ楽しんでいるみたい」と答えたのでした。

Cさんが友人の紹介によってB先生によるピアノレッスンを始めたことについて、「紹介者にわざわざいうまでもないこと」と見なすのは、極端に失礼ではないのかもしれません。

ただ、私自身がCさんと同じ立場でしたら、相手に頼み事をした後は「おかげさまで、B先生にレッスンをお願いすることになりました、紹介してくれてありがとう！」と、すぐさま伝えたいと思うでしょう。

また、B先生のように誰かに仕事を紹介してもらったことで実際に収益が出た場合には、紹介してくれた相手に直接お礼を伝えるのが、最低限の礼儀であると考えます。

それによって、再び仕事を紹介したいと思ってもらえる可能性が出てくるかもしれず、お互いが気分よく関係性を続けていくきっかけにもなります。

友人が経験した一連の経緯においては、B先生にCさんを紹介したときの、「紹介してもらっても結構です」という上から目線を感じさせる言い方も引っかかります。

また、紹介してもらったレッスンに対して「まあまあ楽しんでいる」というCさんの一言も、「恩知らずな人」という印象につながってしまいます。

もちろん、うっかりお礼を忘れてしまうことは誰にでもありますし、他人からの連絡もお礼も何も求めず、自分ができることを惜しみなく人に与え続けるという考え方も大事でしょう。とはいえ、自分が誰かに何か協力した後、「よい結果になっているといいな」と願うからこそ、相手からの連絡が気になってしまうものです。

一方で、「あの人のためにしてあげたことなのに、一向に連絡が来ない」などといって、そのことに執着して腹を立てるばかりでは、ストレスが増えていくだけですから、前述のような状況に遭遇するたびに、人を恨んだり嫌いになる必要はなく、「人は人、自分は自分」と思うだけで十分です。

ただ、たった一言「ありがとうございました。あなたのおかげです」と返してくれるような人へは、「また、何かしてあげたい！」という思いがむくむくと湧いてくるのは確かです。

ちなみに、私の友人は「あのお二人とは、もう、積極的におつき合いをするつもりはないかな」と話していました。


お礼を伝え忘れたときに失う信用の大きさを私自身、痛感しているので、仕事でもプライベートでも、「ありがとうございます」と相手に伝える（メールでも口頭でも）ことを、決しておろそかにしないようにしています。

たった一言、すぐさまお礼を伝えるだけで、あなたのために何か骨の折れることをした相手は安心してくれるのです。

感謝の気持ちは、実際に「書く」か「いう」かをしない限り、相手に届くことはありえません。

ちなみに私は、誰かと会うアポイントメントやリモート会議の約束があるときは、直近の過去にさかのぼり、その相手に口頭でお礼を伝えるべきことを事前に見つけ、手帳に書き込んでいます。

例えば、「前回のリモート会議で操作方法を教えてもらったことへのお礼」「契約書の内容をこちらの希望に応じて修正してくれたことへのお礼」などです。

メールではすでにお礼を伝えていたとしても、会ったり話したりするタイミングがあれば、感謝を直接伝えたいからです。

それによって、いかに自分が相手の厚意に対し、感謝しているかを感じ取ってもらえます。

お礼を確実に、そしてタイムリーに伝えられる人になれるかどうかは、事前の準備ができるかどうかの違いだけなのです！

「小さく柿を切ってくれてありがとう」の「小さく」をいえるか

仕事でもプライベートでも、好きになる人や尊敬できる人には、いくつかの共通点があります。

その一つが、相手のことをわかろうという態度で接してくれる点です。

普段、あなたが家庭や職場でしていることは、常に周囲の人から言葉で感謝されたり称賛されることばかりではないでしょう。

例えば、「家族の白い衣服は色物と分けて洗濯している」「社内にあるコピー機のコピー用紙がゼロになる前に補充している（用紙が切れても知らないふりをする人もいる）」「赤ちゃんから高齢者までがいる家庭の中で、年代に合わせた食事を作っている」「相手の急なキャンセルによって複数の人に頭を下げて会議の日程を再調整した（自分がキャンセルしたわけではないのに）」などなど。

さて、私が好きな人の中に、今は亡き母親がいます。

これまでの人生の中で、最も私のことをわかろうとしてくれた人でもあります。

生前、幼稚園の年少だった私の娘の園の運動会に来てくれたときのことです。

すでに病状の影響で体力が落ち始めていたにもかかわらず、母は、父と一緒に実家から時間かけて都内まで孫の運動会を見に来てくれました。

お弁当の時間となり、私は生後6カ月の長男を抱っこしながら、家族全員で食べるために作ったお弁当を広げました。

お弁当の中身は、唐揚げにソーセージ、卵焼きなど定番のおかずと、3種類のおにぎり、そして梨や柿、巨峰などの季節の果物です。

唐揚げは前日の夕方に近所のスーパーで買ったお惣菜でしたが、「まだ赤ちゃんもいるのに、こんなに準備してくれてありがとう！」と母は私にいいました。

私が子供の頃、4人の食べざかりの子供たちに、いつも手作りの食事を用意してくれていた母に比べれば、私のお弁当作りの労力などは手間も量も比べ物にはなりません。

それでも母は、日頃から私の家事や育児に対して、「あなたは十分、頑張っている」「少しくらい部屋が散らかっていたっていいんだから、きちんと休みなさいよ」などと声をかけ続けてくれました。

そして、デザートの果物を見た途端、母が私に「これだけの数の巨峰の皮をきれいにむいて、半分にカットしたなんてすごいわね！　子供が食べやすいように、梨や柿もこんなに小さくカットして、あなたがどれだけ家族を思っているか、お母さんはちゃんとわかっているからね！」といってくれたのです。

確かに、果物を小さくカットしたのは子供たちのためもありましたが、食が細くなった母と、歯が弱くなった父のことも考えてのことでもありました。

手の込んだご馳走を作ったわけでもなく、見栄えも地味なお弁当でしたが、母は私がキッチンで黙々と巨峰の皮をむいたり、柿をカットする姿を想像し、感謝の言葉を伝えてくれたのでしょう。

そんなふうに、私しか知り得ない思いや過程に対する言葉が、涙が出るほど嬉しかったことはいうまでもありません。

そんなとき夫が、「唐揚げは買ったんだよね」と余計なことをいうと、すかさず母が「赤ちゃんがいるのに、朝から揚げ物なんかしたくないわよ！　あなたは何か手伝ったの？」と彼に強烈な一言を返してくれて、皆で笑ったのでした。

相手の立場になって、必死に想像力を働かさなければ、相手が感動するような言葉を返すことはできません。

この差が、「人望のある人・ない人」「思慮深い人・そうではない人」となって表れていくのではないでしょうか。

実際には見ていない生活の一コマを見つけて、それを声に出して、大切な人に感謝を伝えられる人でいられたら、あなたはその相手の心に、誰よりも必要な人として刻まれるのです。

「ありがとう」の威力を2倍にする方法

本書を読んでいるあなたは、きっとすでに挨拶やお礼に関して、日常的に意識して過ごしているのではないでしょうか。

そんな方におすすめしたいのが、「ありがとう」の威力を2倍にする方法です。

その方法とは、例えば、冬の冷たい小雪が舞う中、デリバリーのお弁当を届けてくれた配達員には、「こんなに寒い中、ありがとうございます」「ありがとうございます。帰りもバイクで滑らないように気をつけてくださいね」など、「ありがとう」に何かしらの一言をプラスすることです。

「ありがとうございます」というだけでも心遣いを感じますが、そのときの状況に合わせて、相手の苦労や、その先に相手に及ぶかもしれないリスクまでを想像した具体的な一言を添えられると、「私をわかってくれている」「自分のことを気にかけてくれている」などと相手に感じてもらえるはずです。

他にも、いくつかの事例を紹介します。

〈事例〉

・リクエスト通りに会社のウェブサイトを制作してくれたウェブデザイナーに対して↓

「複雑な画像の切り抜きを、こんなに丁寧に処理してくれてありがとうございます」

・購入した家具の組み立てをしてくれた作業員に対して↓「こんなに手早くきれいに組み立ててもらえて助かります！　本当にありがとうございました」

・新聞の配達員に対して↓「毎朝、暗いうちから届けてくれて、ありがとうございます」

・宅配便の配達員に対して↓「エレベーターがない2階までこんなに重たいミネラルウ

ォーターの箱を運んでくださって、いつもありがとうございます」

・別部署に依頼した書類作成の仕上がりに対して↓「追加の細かいお願いが多かったにもかかわらず、早めに仕上げてくれてありがとうございます」

・確定申告、決算時期の税理士に対して↓「一年で最もご多忙な時期ですのに、お願いしていた書類を早速まとめてくださり感謝いたします」

・お土産をもらったことに対して↓「うわー、旅行中にも我が家のことを思い出してくれて、お気遣いをありがとう」

このように、ほんの一言、具体的な状況についての言葉を加えるだけで、あなたの「ありがとう」の威力は2倍になるのです。

こうした小さなことの積み重ねによって、「好かれる人」を超えて、人の心をつかむ存在になれるのです。

「売り切れているみたいなんです」という店員にはなるな

某コーヒーショップでカフェラテとワッフルを注文したときのことです。

会計が終わり、ラテとワッフルを待って3分ほどが経過しました。

すると、会計をしてくれた女性店員が来て「あの、先程、注文していただいたワッフルが売り切れているみたいなんですけど……」とだけ伝えて、私の反応を待ちながら無表情で立っていました。

このとき、即座に4つのことが頭をよぎりました。

一つ目は、ワッフルが売り切れていたことを把握せずに、女性店員がレジに立って仕事をしていたという点です。

早朝ということもあり、私以外には並んでいる人はおらず、手持ちぶさたでレジに立っていたにもかかわらず、です。

2つ目は、会計を終えて3分経ってからの報告だったということです。

注文後は、私のオーダーに対し、彼女と別のスタッフが対応してくれていましたが(それほどに人員的に余裕があった)、3分間も何をしていたのだろうと思いました。

仮に、ワッフルについて別のスタッフへ聞きに行ったり、在庫を探しに行ったりという時間だったとしましょう。

そうであったとすれば、「在庫がなかったときのことを考えて、今のうちに一度、お客様に状況を説明しておこう。散々、待たせた挙げ句に『売り切れです』よりは、納得してもらえるかもしれないから」という発想で行動してくれていれば、私の受け止め方は変わっていたでしょう。

疑問に思った3つ目は彼女の説明の仕方です。

「売り切れているみたいなんですけど……」という言葉には、「私の責任ではないのですが……」という、自分を守ろうとする意思が前面に感じられます。

そして、私が最も疑問に感じた4つ目は、女性店員の伝え方でした。

もしもあのとき、その女性店員の伝え方が違っていたら、私は全く別の感情で会計をやり直していたに違いありません。

例えば、「お客様、大変申し訳ございませんが、私のミスでワッフルが売り切れていたことに気がつかず、お会計をしてしまいました。すでにお待たせもしていて大変恐縮なのですが、ワッフル分を返金させていただきたいので、『お会計のやり直し』をさせていただけますでしょうか？」といった伝え方です。

期待していたワッフルが食べられないことに加え、そこからさらに3分かかってクレジットカード支払いのキャンセルと再購入の工程があり、その一方で私のラテが冷めてしまったことも残念でした（早く飲んで店を出ようと思ったので、新たなラテは注文しませんでした）。

女性店員が最初から「私のミスです」と真摯に謝って対応してくれていたとしたら、彼女の誠意を感じて、「あっ、いいんですよ」といって、私の気持ちも収まったでしょう。

会計をやり直し、ワッフルを含まないラテだけのレシートを渡されたとき、彼女は何事もなかったかのように、「ありがとうございました」と無表情のまま、低いテンションでいいました。

その女性店員は、あからさまに態度が横柄だったわけではありませんが、悪意もなくそのような接客をしていることは、彼女の今後にとってとても損なことだと感じました。

相手の状況や心情と自分の立場をきちんと把握した上で言葉を選ぶことができれば、ミスやピンチをチャンスに変えていくことはいくらでもできますから、前述の例は実に残念なことだといえます。

職場でも、自分が関わる案件でトラブルが発生すると、「書類の中にミスがあったようなんです……」「間違った納期を伝えてしまったみたいなんですけど……」「お客様が今回のことで怒っているみたいで……」などと、まるで他人事のような言い回しをする人は少なくありません。

仕事では、事実関係を正確に報告する義務があります。

「〜みたいなんです」という伝え方は、責任転嫁したい心情を反映していると同時に、現状を把握しようとしない、あるいは把握できるほどの観察力や洞察力がないことを露呈することになるので、気をつけたいところです。

トラブルが起きたとき、できる限り早く正確な状況を相手に伝えるということは、責任感があることを示し、その後の対処にも逃げずに向き合う意思も感じられます。

そういった責任感や意思を持つことで、その後のキャリアだけでなく、人づき合いにおいても、次々と強力なチャンスをたぐり寄せていけるでしょう！

「それは助かりました」といえる人、いえない人

入店したカフェのトイレにトイレットペーパーがなかったときや、利用したスーパーの入口に買い物かごがなかったときなど、「あれ、ない！」とあなたが気づいて、声をかけた経験はありませんか。

そんなとき、相手の反応一つで「ああ、この人に伝えてよかった」と気分よく感じられて、そのお店への愛着が増す場合と、「せっかく伝えてあげたのに、気分が悪いな……」という残念な気分になることがあります。例えば、以下のような例です。

①（カフェにて）「トイレットペーパーがなかったですよ」

（それに対する店員の反応）

×「あっ、はい」「そうですか」「わかりました」

○「それは大変失礼いたしました。お知らせいただきましてありがとうございます、すぐに補充いたします」

②（スーパーにて）「買い物かごが、もうありませんでした」

（それに対する店員の反応）

×「ああ、はい、わかりました」「後で確認しておきます」

○「それはお気づきいただいて、ありがとうございました。すぐに対応いたします」

③（飲食店にて）「外の看板が風で傾いていましたよ」

（それに対する店員の反応）

×「了解です」「もー、さっき直したばかりなのに」

○「それは教えていただき助かりました。危ないのですぐに直しますね。ありがとうございました」

お店の人の中には、お客様に改善すべき点を気づかせてもらったにもかかわらず、それについて、「×」のような反応をしている人が、意外にも多い気がします。

接客の場面だけではなく、職場で書類のミスを指摘されると、「あー（ため息）」「まったく、もう」「またやり直しか」という反応や態度の人もいます。

こうした、たった一言の反応であっても、第一声には本心や、日頃の物事への考え方が如実に表れるものです。

これは接客や職場に限らず、普段の人づき合いにおいても、よくあることです。

例えば、「ふるさと納税について教えて！」と友人に聞かれて、いくつかの情報を調べてメールで伝えると、「時間があるときにチェックします！」という調子のいい返信だけだったり。「急に発疹が出てしまい皮膚科を探しているのですが、会社の近くで、どこかいいクリニックを知りませんか？」という後輩に情報を教えると、「会社から徒歩10分だと、ちょっと遠いですね」という一言だけの返信が来るなど。

まずは「ありがとう！」の一言があったら、どれだけ相手の気分がよくなることでしょう。

第一声を、「お忙しい中、早速ご返信をくださってありがとうございます」「助かります！」というふうに反応するだけで、「気分よくつき合える人」と認識され、その後もさらに良好な人づき合いが続くと私は確信しています。

「あなたのおかげで助かりました！」という一言によって、人とのささいな関わりであっても、プラスへと転じていきたいですね。

褒められても、いい気になるな

信号待ちをしていると、「あら、かわいい赤ちゃんね。ママとお散歩いいわね」と、60代くらいの女性の落ち着きのあるやわらかい声が聞こえてきました。

その女性は、ベビーカーで赤ちゃんを連れていた母親と思しき女性に笑顔で話しかけていました。

思わず私も、斜め前にいたその赤ちゃんを見て頰が緩んでしまいました。

そのかわいい赤ちゃんを連れた女性は、少し緊張しながらも照れて笑みがこぼれていたのを見て、知らない人同士で自然に生まれるコミュニケーションに温かさを感じたのでした。

ただ、こういう状況で気をつけたいことがあります。

例えば、赤ちゃんを連れているからといっても、一緒にいる女性が母親とは限らないということと、「かわいい赤ちゃんですね」といわれても、誰もがポジティブに感じられるわけではなく、気軽に話しかけてほしくない事情がある人もいれば、警戒心を抱きやすい人もいるかもしれないということです。

また、「赤ちゃんのお名前は？」「この近くは、よくお散歩されるのですか？」などという個人情報に関わる質問は控えたほうが無難でもあります。

ところで、冒頭のような知らない人同士のやり取りは、赤ちゃんやペットを連れて散歩や出かけたことがある方でしたら、似たような経験があるのではないでしょうか。

あなた自身、大人に抱っこされた赤ちゃんと目が合ったり、散歩中の子犬を見かけて、「かわいい！」と反応したことはありませんか。

私自身、相手を全く知らない場合でも、思わず赤ちゃんやペットに対して、「うわ、かわいい」といったことはあります。

それをきっかけに、相手の方と会話できたこともあり、予期せぬ人とのつながりを楽しませてもらえることがあります。

そんなふうに、偶発的に初対面の人から喜ばしいことをいわれたとき、知り合いに同じことをいわれたとき以上に、反応が難しいと感じている人も多いのではないでしょうか。

そこで、見知らぬ人から褒めてもらったときに（やり取りしても安全な相手かどうかのアンテナは張ってくださいね）、「ありがとうございます」と伝えて、相手を巻き込む言葉を返すというシンプルな方法を提案します。

例えば、先程の事例のように我が子を褒めてくれる人がいれば、「ありがとうございます」といって、さらには赤ちゃんを見ながら、「そんなふうにいってもらえて嬉しいね」「そんなふうにいってくださって、優しいね」「嬉しくて照れちゃうね」などと褒めてもらえた子供に話しかけるのです。

そうすると、話しかけてくれた人を立てることができると同時に、自分の我が子に対する気持ちも素直に表現することができます。

「かわいい」と褒められて「ありがとうございます」というと、かわいいことを認めているようで恥ずかしいという人がいるかもしれませんが、この場合の「ありがとう」は、親しみを込めて話しかけ、少しでも我が子やペットに思いを寄せてくれたことに対するお礼ですから、堂々と伝えて問題ありません。

誰かが自分に対して嬉しい一言を伝えてくれたとき、恐れ多い気持ちや緊張が交じると、とっさに適切な言葉が出なくなることがありますが、相手に対してのお礼や嬉しいという気持ちをまずは率直に伝えられたらいいですよね。

このことは、私の著書『「また会いたい」と思われる人の38のルール』(幻冬舎文庫)でも述べています。

それでも「ありがとう」と伝えるのが恥ずかしい場合には、「光栄です」というだけでも十分です。

以前、某テレビ番組にイメージコンサルタントとして出演させてもらったときのことです。

番組終了後に、あるタレントさんが「吉原先生のファッションって、とても素敵!」

と、いってくださいました。

私は、「えー、そんなふうに○○さんにいっていただけてとても嬉しいです。ありがとうございます！」と反応しましたが、その後、とても後悔しました。

それは、その場で、「○○さん（タレントさん）こそ、今日のゴールドの衣装がとってもお似合いで、存在感に圧倒されます」などと伝えられなかったからです。

そのタレントさんに対しては、「あれをいえばよかった、これをいえばよかった」という思いが次々とあふれ出て、止まりませんでした。

私自身、これまで以上に、あらゆる場面に対する言葉のシミュレーションが必要だと実感しました。

頭の中で具体的な状況をシミュレーションすることは、きっと、あなたに起こりうる未来の会話において大いに役立つでしょう。

人との出会いは、一期一会です。出会った後に「あのようにいうべきだった」と後悔しないためにも、相手に喜んでもらえるような言葉が自然に出てくるご自分を目指してみませんか。

「お店の人に怒られるから静かに」という親にはなるな

仕事でも育児でも、真面目な人であるほど「叱り方」について悩んだり、迷うことがあるのではないでしょうか。

書店には、「叱る」という言葉をタイトルに入れた書籍がたくさん並んでいて、それほど人々の関心が高いことがわかります。

この「叱る」ことにおいては、「叱る方法」よりも、まずは「叱る」ということの意味をじっくりと掘り下げてみるといいように思います。

例えば、次の状況について考えてみてください。

スーパーの店内で小学校低学年の兄弟が全力で鬼ごっこを始めたとします。

親が子供たちに対して「危ないから、やめなさい！」というのは、人に迷惑をかけることを即座に防ぐ上で有効な言葉です。

ところが、仮に親が「こういうところで走ったら、お店の人に怒られるからね」「お店の人に怒られたら恥ずかしいからね」と叱ったとしたら、どう思いますか？

子供たちにかけたそれらの言葉は、子供たちにとって、本当に有効でしょうか。

「お店の人に怒られるから、やめなさい」という言葉には、次の3つの意味が含まれます。

①お店の人に怒られるから走ってはいけない
②お店の人が見ていなければ走ってもいい
③お店の人に怒られるまでは走ってもいい

本来は、店内を走ることで人や棚にぶつかって誰かが怪我をしないため、商品や飾ってあるものを傷つけてお店に損害を与えないため、そして子供たちにその場に相応しい行動をしてほしいから、叱るわけです。

それなのに「怒られるからやめなさい」ということは、「怒られなければばOK」「人目がなければOK」という意味になってしまい、本来の目的を全く果たさないことになります。

これでは自主性はおろか、社会で人と関わるときの最低限のルールを学んだり、自分で考えて判断する経験を積む機会を失ってしまいます。

それでは、仕事において誰かを「叱る」ときはどうでしょう。

「何度もこういうミスをされると、部長からチクチクいわれるのは俺なんだぞ」「また社長からうるさく何かいわれるよ……」などと後輩を叱る先輩がいる場合、後輩はその先輩に対し、「先輩は部長にチクチクいわれるのが嫌な人」「保身しか頭にない人」というレッテルを貼るだけで、深く反省することは期待できないでしょう。

先輩や上司という立場でしたら、同じミスが起こるかもしれないことを先回りして考え、事前に、「念のためだけど、○○の部分は3回チェックをしてから提出してください」と伝えるなど、「どうすれば、その人が正確に作業できるか」に焦点を当ててアドバイスすることが重要です。

つまり、仕事において誰かを「叱る」場合は、「自分の評価が下がっては困る」という視点で言葉を選ぶより、相手の心身の成長を第一に考えた上で叱るほうが、着実に成果を出すことができるのです。

叱られる側は、相手が保身のために叱ったのか、自分の成長のために叱ったのか、瞬時に見分けることができます。そのことを念頭に置きながら、最適な言葉とタイミングを見極めて相手を叱れる人であり続ければ、自ずとあなたの道は拓けていくと私は信じています！

シワ一つないお土産袋を渡せるか

20代の頃、国内の航空会社でキャビンアテンダントとして働いていた私は、新しいキャリアに進みたいという理由で会社を辞める決意をしました。

4年間の会社員時代の締めくくりとなる最後のフライトスケジュールは、前日にフライトで滞在していた福岡から羽田までの往復便の後、福岡から羽田へ戻るという3本の国内線便でした。

代々、ラストフライトにはキャビンアテンダントの家族が記念に乗ることが多く、私自身も両親にフライトチケットを贈りました。

当然のことながら、両親が私のラストフライトの羽田着の便に乗るということは、搭乗地が福岡空港となります。

埼玉に住んでいる両親は羽田空港から福岡空港に行き、そこから私のラストフライトに乗ることになるので、少し心苦しさも感じていましたが、「いいのよ、そんなこと!」といって、父も母も全く気にせずにいてくれたことが嬉しく思い出されます。

そしてラストフライトの当日、私が乗務した最後の飛行機が羽田空港に着陸しました。すべてのお客様が飛行機を降りられた後、私は両親のところへ向かいました。

母は笑顔で「4年間、お疲れ様でした!」といって、私に小さな花束を渡しながら、「今は荷物にならないように小さい花束だけど、あなたの家にはもっと素敵なお花を送っておいたからね」と耳元で囁《ささや》いてくれました。

その後、母はその便のチーフパーサーのところへ向かうと、機内持ち込み制限ぎりぎりの、スーツケースほどの大きさの紙袋に入った地元銘菓の菓子折りを渡して、お礼を伝えていました。

すると、チーフパーサーが、「まあ、こんなに大きなお土産をご自宅から準備してくださっていたんですか! フライト中、ずっと大切に持ってくださっていたなんて、大変だったはずです。私たちにまでこのようなお気遣いをしてくださって、本当にありがとうございます！」と母に伝えてくれたのです。

私は、シワ一つないお土産袋を見て、それを渡す直前まで、母がどれだけ気をつけて一日中、大きな紙袋を持ちながら移動してくれていたかを想像し、さらにはチーフパーサーが母の一日の行動を見ていたかのように細かいところに気づいてくれたことにも感動し、涙を堪《こら》えるのがやっとでした。

私の身近に、こういった他者への細やかな視点を持つ人たちが居続けてくれたことが、何より幸運であったことに改めて気づかされます。

目の前で起こっていることだけでなく、そこに至るまでの相手がしてきた気遣いや努力してきたであろう過程を想像し、それを感謝として言葉にできる人、それは本物の観察眼を持った人だといえる気がします。

相手が感動するような声かけができるようになる簡単な方法は、ずばり頭の中で「過去をさかのぼって再現する」という作業をすることです。

例えば、「もうすぐ着きます！」とあなたの恋人からメールを受け取ったとき、「彼女

（彼）がデートの待ち合わせに遅れずに渋谷に着くには、千葉に住む彼女（彼）は自宅を朝8時には出ないといけない。そういえば、まだその時間帯は関東で雨が降っていたから、最寄りの駅には雨の中、向かったはず。顔を見たらすぐ『雨は大丈夫だった？』と聞いてみよう」といったイメージです。

また、あなたが誰かから直筆のメッセージ入りのカードが入ったお菓子の贈り物を宅配便で受け取ったとしましょう。

送り主は、オンラインで購入したのではなく、直接、店舗で発送手続きをしてくれたということになります。

混み合っていたかもしれない店内で、カードにメッセージを書いてあなたに贈り物をする時間を作ってくれたということが想像できると、相手に対し、より具体的な感謝の言葉が浮かんでくるはずです。

そんなふうに目には見えないけれど、陰ながら相手が気遣ったり努力してくれたことを理解し、感謝の言葉を伝える習慣をつけてみませんか。

そうすることで、あなたの礼儀正しさや思いやりの気持ちを、確実に相手に届けることとができますから。

トイレの清掃員に「ありがとうございます」といえるか

この人は感じがいい人だなと思っていたのに、ある瞬間を見た途端に、がっかりしてしまうことがあります。

それは、サービスを受ける立場のときや、後輩、部下、お年寄りや子供などに接しているときに、それらの相手に対して横柄な態度を取っている場面を見てしまったときです。

あなたにもそのような経験はありませんか。

例えば、友人とレストランで食事をして会計を済ませた後、一緒に化粧室へ行くことになり、個室から出てきて手を洗っている状況を想像してみてください。

ハンカチで手を拭きながら、あなたは友人と笑顔で「デザートも美味しかったね！もうお腹いっぱい」などと、鏡を見て身だしなみを整えながら会話をしています。

すると、そこに清掃員が「失礼します」といって入ってきて、洗面台を掃除し始めました。

こういうとき、「ありがとうございます」「お願いします」「あっ、ごめんなさい」という一言や、無言であっても会釈をして、邪魔にならないように対応する人がいます。

そういう人を日にすると、なんて裏表のない律儀な人なのだろうと思って、嬉しく感じます。

ところが、中には軽い会釈もせずに鏡の前から微動だにせず、無言のままで必死に口紅を塗り続け、清掃員を邪魔そうに避ける仕草をする人もいます。あなたはどう感じるでしょう。

私ならその時点で、「これがこの人の本性かも」という気持ちになって、寂しく感じてしまいます。

また、もしも自分の身内に清掃員として仕事をしている人がいたら、清掃員を邪魔そうに避けた人の態度に傷つくのではないでしょうか。

決して、誰にでも最高の笑顔と最敬礼で、「ありがとうございます」というべきだと伝えているわけではありません。

ただ、世の中で様々な仕事をしている人たちがいてくれるおかげで、一年中、電気や水道、ガスを使えて、街中できれいなトイレを使えて、手軽に美味しい食事をとれることをイメージしてみると、見方が変わると思うのです。

極論をいえば、もしそういった清掃員の方が仕事を引き受けていなかったら、街中のトイレが汚れている状態かもしれません。いうまでもありませんが、世の中はすべてにおいて誰かのおかげで成り立っていることは常に頭に入れて言動を選びたいものです。

普段から「私はお客なんだから、いいサービスを受けて当たり前」と図に乗ったり、やたらと相手と上下関係をつけたがるような横柄な人は、結婚したパートナーに対しても「大黒柱として働くのは当たり前」「母親なんだから家事と育児をするのは当たり前」などという高慢な言動をしているかもしれませんから要注意です。

このところ、近所の道路工事の警備員の方々が、歩く人たちに親切で明るい挨拶をされている場面をよく目にします。

そうした警備員の方のおかげで、工事現場を通るときの不安は解消されますし、足場がよくないところを歩いたり、運搬用トラックの出入りで道を塞がれるときの通行人のストレスが、だいぶ軽減されている気がしています。

「お気をつけてお通りください」「ご迷惑をおかけしています」などと目を見ながら伝えてくれる人に対して、余裕があるときだけでもいいので、せめて会釈だけでもできる人が増えていったら、通勤や通学、散歩の時間をよりご機嫌に過ごせそうですよね。

機嫌よく過ごせる時間が長くなれば、自分の心身にとってよいだけでなく、一緒にいる相手も気分よく過ごせることになりますから、それを習慣化しない手はありません！

別れ際に次の約束をすべきではない

過日、カフェを出ようとすると、友人がちょうど入店してきたので、その場で1分ほど会話を楽しみました。

そのうち私がお店を出る時間となり、「私は明日も午前中に（カフェに）来る予定だから、もし時間があったらご一緒しよう！」と彼女に伝えると、彼女は「うん、わかった！」といって、そのまま別れました。

結局、彼女からは何の連絡もないまま、翌日が過ぎていきました。

正直なところ、少しがっかりしました。

なぜならば、もし私が彼女の立場でしたら、たとえカフェに行けなくても、相手に「明日は行けそうになくて残念だけれど、また今度、会える日を楽しみにしているね」といったメッセージを送るに違いなかったからです。

ところが、時間が経つにつれて、「いや、あのときの私は、かなり図々しかったんだ」と恥ずかしさに加え、彼女への申し訳なさへと考えが変わっていきました。

そもそも彼女は、私と会った翌日にカフェに行きたかったとしても、一人静かに考え事をしたり、別の友人との約束で利用したいと考えていたかもしれず、私の一方的な提案によって、多少なりとも余計なプレッシャーをかけていた可能性があると思ったからです。

また私は、彼女がカフェに行けない場合は、何らかの連絡があるだろうと期待していたわけですが、忙しかったり、別の重要な問題で頭がいっぱいだったかもしれず、なんという身勝手な押しつけだったのだろうと反省しました。

彼女との別れ際では、「またゆっくりと会えたらいいね！」という言葉だけで十分、お互いにいい気分でいられたはずです。

その上、「私はよくここに来るから、あなたが来るときには声をかけてね」といった提案は、相手を面倒なことに巻き込んでしまっているのだと気づくべきでした。

特に、自分のほうが年齢が上だったり、仕事において先輩という立場にある場合は、相手が断りづらい状況にあるということが容易に想像できます。

軽やかで前向きな別れ際の言葉のバリエーションを準備しておくことは、偶然の出会いをストレスなしで楽しめるための基本だと心得たいです。

コロナ禍では「安心してくださいね」と声に出そう

2020年以降、新型コロナウイルス感染症によって、私たちには、「ソーシャルディスタンスを取る」「マスク着用」「手指を消毒」という習慣が浸透しています。

大多数の人たちが、そういった習慣を地道に徹底している一方で、マスクをせずに話しながら人混みを歩く人や、歩行者のそばを激しく息を切らしながらマスクなしでジョギングする人、狭いエレベーターや混み合う電車の中で大声で話す人も少数派ではあるものの、目にすることがあります。

そんなとき、疑問と不満を同時に感じますが、誰もが感染リスクと向き合っている日々なので、神経が多少敏感になることは仕方がないことでしょう。

そんな中、周囲の人を安心させられるよう、自ら発信することが求められるようになってきていると実感します。

例えば、咳やくしゃみをした人が近くにいると、一瞬、ヒヤッとすることがあります。そこで、花粉症などで咳やくしゃみが出やすい人は、「咳が出るけれどPCR検査では陰性だったことを皆に伝えてから会議に参加しよう」などと考えて、事前にアピールできたら、周囲の人たちは、その咳に関して、終始、気を揉むことなく過ごすことができます。

こんなこともありました。

一人用ソファをネットで購入し、それが自宅に届いた日のことです。

二人の配達員の方々は、しっかりとマスクと手袋を着けてくださっていました。

ところが、玄関でソファを段ボール箱から出した直後、持ち上げて運ぶ作業の直前に手袋を外されたのです。

おそらく、手袋の汚れがソファにつかないようにという配慮だったのでしょう。

そこで私は、お二人に丁寧にお願いし、その場で手指の消毒をしてもらうことになりました。

「こういう時期ですものね」と快く対応してくださったことに感謝をしながらも、きっと、お二人はマンションに入るときにも消毒をされただろうと思いました。

その場合、あらかじめ「汚れがつかないよう、手袋を外させてもらいますが、すでに我々は消毒を済ませていますのでご安心ください」といった一言があれば、私は安心できたのです。

配達員の方々こそ、私以上に感染予防対策については、高い意識を持ちながら仕事をされていると思いますが、そういった意識や、それを徹底していることを相手に声に出してその場で伝えなければ、「消毒はしてくれているのかな？」といった不安を相手に与えることになってしまいます。

ですから、「いわなくてもわかるだろう」「当たり前のことだから、あえていう必要はないだろう」などと考えず、コロナ禍だからこそ、お互いに安心できるような言葉と態度を、より確実に声に出していったほうがよいのだと改めて気づかされました。

友人同士でも「チョコレート、食べる？」といって個包装のお菓子を渡すときには、直前に、素早く手を消毒しているところを見せたり、「あっ、食べる前に消毒液つける？」などと聞いてみるのも親切です。

感染予防対策に関して、一人ひとりが、より声に出して自身の状況をアピールをしていくことは、社会生活の中で互いに不要なストレスを軽減することにもなります。

「相手はわかっているだろう」「当たり前のことだから」という思い込みを捨てて、自分から安心・安全に対するアピールを口にしてみるのはどうでしょう。

自分では「わざわざ、伝えなくても……」と感じる情報でも、相手にとっては「ぜひとも知りたい」という情報である場合が多いということを肝に銘じておきたいものです。

ビジネスで相手から嫌われないための3つの心得

2018年に経団連が発表した「Society 5.0 Co-creating the future ともに創

造する未来」の中に、「組織の変革」という項目がありました。

そこには、「時代の変化に合わせて、日本型雇用慣行を見直してモデルチェンジする時がきている」という趣旨の記載があります。

まさにコロナ禍となった今、各企業の経営者が変化に直面し、現実的に「終身型雇用」から「ジョブ型雇用」を取り入れたり、あるいは両者のハイブリッド型で個人の特性を活かしたりと、働く一人ひとりのモチベーションや若者の可能性を引き出すための対策が動いていることをより身近に感じています。

そうした中、組織の一員として、「自分に何ができるのか」「何で貢献したいのか」などを明らかにしてアピールする必要性が増し、副業、兼業、投資へのムーブメントが一層、加速し定着しつつあります。

そんなジョブ型雇用においても、副業や投資においても、ますます外せなくなるのは、コミュニケーション力であり、その土台となるのは「相手から嫌われない心得」であると断言します。

コミュニケーション力というと、「好かれる人になる」「わかりやすい話ができる」などという目標を掲げる人が多いかもしれませんが、まずは「無神経な言動をしていないか」「相手を不快にしていないか」といった最低限のことをクリアすることが先決です。

ところで、好かれることは、ビジネスの中で最も重要なことではないという点も認識しておきましょう。

好かれようとして無理に会話を続けようとしたり、自分の実績をオーバーにアピールしたり、相手に質問すると失礼だと思って、自分の話ばかりするようでは、相手から「あまり関わりたくない人だな」と思われるだけです。

そのことに関しては、ぜひ私の著書『自分のことは話すな』（幻冬舎新書）を参考にされてみてください。

「この人とは安心してつき合える」「少々、ぶっきらぼうだが信用できる」などと感じてもらえる人でいられさえすればいいわけですから、自分らしくないとわかっていながら「好かれる人」を演じる必要はありません。

「話は面白いが、調子がいいだけで、チームに本当に必要なのかは疑問だ」「明るくて人当たりもいいけれど、自分からは動かない人」「仕事はできるが、トラブルが起きたときの苛立ちがひどい」などという評価では、どのようなキャリアも広がりを持たせることは厳しいでしょう。

要するに、私たちは「人当たりがいい人」「面白い人」「明るい人」「仕事ができる人」を目指す以上に、まずは「嫌われない術」を磨き、土台を作ることに先に取り組むべきです。

そこで「ビジネスで嫌われないための3つの心得」を紹介します。

〈ビジネスで嫌われないための3つの心得〉

①目的を考えて行動せよ

「その仕事の目的と、効率的に行う手段を把握しているか」という考えのもとで、仕事に取り組めているかが肝。

接客業で「お客様の状況が落ち着いたから、今のうちにグラスの水をセットしておいてほしい」という店長の指示に対して、目的を考えて行動できる人は、時間帯によって客の回転数を予測し、必要な個数分を準備できる。

「すでに13時でランチタイムのピークは終わっているから、今は6杯分で十分だな」などと考えて実行する。

それとは対照的に、目的を考えずに行動する人は、目の前にあるグラスの数だけ水を入れる。その結果、使わなかったグラスは無駄になり、洗い物が増えてしまう。

仕事を頼まれたら、その仕事の目的とゴール、うまくいったとき、いかなかったときの状況を頭の中でイメージする。

そのために時計（時間を見る・計る）やカレンダー（祝日や連休を考慮し営業日を確認した上で作業できる時間を把握する）を確認し、優先事項を明確にする。

②相手を敬う

肩書や年齢、経験値にかかわらず、面前の人に丁寧かつ感謝が伝わる言葉を使う。

横柄な指示の出し方であっても常に「はい」と感じよく受け答えしている部下は、単に上司だから関係をこじらせまいとして平静を装っているのであり、上司として敬意を持っているわけではない。

相手を敬わない言動を繰り返す人は、いずれ味方となってくれる人がいなくなると考えるべきである。

「これやっておいて」↓「こちらをお願いします」、「あっそう」「わかった」↓「報告ありがとう」「助かるよ」などという言葉に変えるだけで、信頼関係を維持できる。

新入社員は「まだ教えてもらっていません」ではなく、「教えていただけますか?」と丁寧に質問する。

③危機感を持つ

自分が約束をしたことを果たす義務感を自覚することが第一歩。

相手に作ってもらった時間や、待たせている時間の重みに対する意識が低いと、遅刻したり、約束の納期に遅れることなどが日常的になりやすい。何らかのトラブルやクレームが発生したときも、事の重大性を認識できず、適切に問題を解決することは難しくなる。

「明日の午前中までには電話します」と伝えたにもかかわらず、当日の夕方に電話をかけてきて「お世話になっています。中島です。例の件ですが……」などと謝罪もなく（あるいは「すみません」といった軽い謝罪のみで）、平然と話し始めるような人は危機感がないと見なされ、大事な案件を任せてもらうチャンスを失う。

危機感を持って行動するには、Googleカレンダーや手帳に分刻みで予定を書き込む、また、色や大きさの違う付箋を使い分け、「午前中の報告事項は黄色の付箋で、パソコン画面の左側に貼りつける」「提出期限が1週間以内の資料や請求書などは、ピンクの付箋でパソコン画面の右側に貼りつける」など、情報を素早く確認し実行できる工夫をする。

このように、「相手を理解しようとせず、約束すら守らない」という人は、周囲の人たちが嫌悪感をあらわにすることはなくても、いつの間にか見切りをつけられることがあります。

そうした見切りをつけられる回数が積み重なった場合、気がつくと仕事仲間やクライアントがいなくなってしまうという現実が訪れるかもしれません。

すでに普段から実践されている読者の方は、その調子で自信を持って仕事に邁進《まいしん》されてください。

さあ、あなたは嫌われない心得の実践に自信を持てますか!?

「嫌われる人」の反対は「いい人」ではない

本書を手に取ってくださった読者の方の中には、「そうか、嫌われてはいけないのか。ということは、『いい人』を目指すということなのか」と解釈していた方もいるかもしれません。

しかし、私が伝えたいことは、そうではありません。

「嫌われる人」の対極にあるのは「必要とされる人」です。

人生100年時代といわれている昨今、残された時間をより幸せに生きたいと考えるならば、周囲から「必要とされる人」であることが、それを実現する秘訣だと私は確信しています。

「必要とされる人」というと、「私なんて何の取り柄もないし……」と落ち込む人がいるかもしれませんが、それは大きな間違いですから早合点なさらないでください。

「必要とされる人」といっても、医療従事者、弁護士など専門知識を持って企業や社会的な組織で中枢となって活躍するような人を示しているわけではありません。

本書でいう「必要とされる人」には、家族や友人、社会など身近なコミュニティの中で、たった一つ役立つことを実践し続ければ、そうなれるのだと捉えてください。

例えば、チームで使う資料を作成することになり、あなたが何度も確認し完成させた20ページ分のプレゼン資料のデータがうまく保存されていなかったとします。

泣きたくなるほど悔しくて、体力も精神力もすり減らしている中、そのことを同じチームの仲間へメールで伝えると、「私も何かとバタバタしていて忙しいので、『これで完璧』というレベルで完成したら送ってね！」という返信が届いたとします。

私にも同様のハプニングが何度かあるのでよくわかるのですが、作成者本人のデータ保存のミスも考えられるとはいっても、先程のような返信内容は、あまりにも軽く突き放した言い方のように感じてしまいます。

返信内容には、「私は忙しいから巻き込まないで」という本音が映し出されています。

返信した本人は明るく励まそうとメールを送ったつもりだとしても、落ち込んでいる相手を全く気にかけていないと誤解されかねません。

仮に「あれだけのボリュームの資料を作成してくれていて大変だったのに、それは本当にショックだよね。今は気を落としていると思うけれど、まだ時間はあるし、進行中の案件が落ち着いたら手伝えるかもしれないので一緒に頑張ろう！」などと返信してくれたら、気持ちが救われるでしょう。

ただ、業種や相手によっては、ねぎらいの言葉がないほうが作業を進めやすく、心理的な煩わしさがないほうがスムーズなこともあります。ぜひ、臨機応変に考えてみましょう。

「私もバタバタしていて忙しい」といった返信を送る人は、実際に目が回るほど忙しくて時間的にも精神的にも余裕がないのかもしれませんが、日常的に相手に対して「私を巻き込まないで」という意味に取られるような言葉を頻繁に使っていないかどうか、より慎重になってみるといいかもしれません。

自分に余裕がないときでさえ、相手に対して感謝やねぎらいの声をかけ続けることで、

「いい人」にとどまらず、「自分に生きる力を与えてくれる人」「自分を認めてくれる特別な人」という、誰かから深く必要とされる存在になっていくのです。

「それはできません」といっても嫌われない人になれ！

あなたの職場に、高度なテクニカルスキルを持っている「山田さん」という人がいるとします。

あるとき、あなたが「山田さん、明日正午までに、こちらのデータ解析をお願いします」と伝えると、以下のような答えが返ってきました。

AとBの答え方で何を感じるかを考えてください。

A「申し訳ないのですが、それはできません。こちらのデータを拝見する限り、昨年度以前の資料との比較も必要です。その資料を今から集めるだけで急いだとしても半日はかかってしまいます。そこからデータ解析を行うとしたら完了するのは早くても明日15時になりそうです。今できることとしては、集めるデータ量を調べて、現実的に処理できるスケジュールを出してみますが、いかがでしょう」

B「申し訳ないのですが、それはできません。今はバタバタで手が回らないんです」

AもBも、あなたの依頼を断っている点は同じです。

はっきりと「できません」と否定されてはいますが、Aの答えには、断った論理的な理由と代替案が入っています。

そのため、断られたという事実だけのネガティブな印象以上に、瞬時に依頼の全体像を理解し合理性のある提案をしてくれたことで、「判断力のある人」として受け止められるでしょう。

さらには、「もっと状況を見て依頼すべきだった」などと、改善につながる気づきを与えられ、Aのような説明ができる山田さんを「一緒にいると成長できる人」と認識していくのではないでしょうか。

一方で、Bでは断った理由を説明することもなく、素っ気ない反応なので、「否定された」「あっけなく断られた」「一言で片づけられた」といったネガティブな印象が強く残りがちです。

設定は同じ職場の仲間ですし、仕事を依頼したり何かを質問、相談することは頻繁に起こりますから、お互いに断ったり、断られる現場のやり取りに対して、毎回、神経をすり減らさないよう、きっと誰もが淡々と対応しようとしているはずです。

ただ、一方では、こうした日常のやり取りの中で感じる小さな不満や腑に落ちない相手からの反応の積み重ねによって、相手への敬いの度合は確実に下がっていくことも事実ではないでしょうか。

「今週の土曜日、シフトを代わってくれないかしら」と先輩のパート仲間が頻繁にあなたに聞いてくるとしたら、真面目な人ほど、「断ると後が面倒だ」「断ったら関係がギクシャクしてしまう」と考えて、「いいですよ」と、嫌々返事をすることもあるでしょう。

そんなときは、「代わって差し上げたいのはやまやまなのですが、前回の土曜日の出勤を代わって以降、疲れがなかなか取れなくて、実はしんどかったんです。しっかり自分の疲れが取れるまでは、週末のシフト回数は増やさないでおこうと思います」ときっぱり伝えてみるのはいかがでしょう。

相手と波風を立てたくない気持ちもわかりますが、本当は断りたいのに「いいですよ」といい続けていると、相手のお願い癖に拍車をかけ、軽視されるスパイラルを作ってしまうだけなのです。

何かを断っても「確固とした自分の考えがある」のだと相手に感じてもらえるような説明や対応ができれば、相手は気軽にお願いしても断られる（拒否される）ことを嫌がるようになるでしょう。

その結果、「この人に頼んでも無駄だ」と諦めるようになり、「気軽に頼めない人」として、あなたを見るようになります。

お互い様で協力し合っていくことは大切ですが、心身のエネルギーを過剰に消耗するほどであれば、断るということに極端に嫌悪感や恐怖心を抱かなくてもよいはずです。

それらの嫌悪感や恐怖心を細かく分解してみると、「断ったら嫌われる」「断ったら関係が悪くなる」「断ったら相手が怒る」などという理由を少なからず含んでいるものです。

ところが、「断らない人生」を続けていけば、周りの人の決断で運命を左右されるだけの空虚感が待っています。

冒頭の例のように、テクニカルスキルや時間的な背景を理由にできるときばかりではなく、あなたが心情的に相手の依頼を断りたいと感じるときにも、論理的な理由と礼節のバランスを活用しながら説明してみましょう。

例えば、コロナ禍で家族以外の人との会食は控えているのに、先輩からしつこく「飲みに行こう」と誘われたとします。

「いやー、今はコロナ感染が怖いので……」といっても、「俺たちは大丈夫だ」「感染しても仕方がない」などと反論し、常識を逸脱する利己的な考えを持つ相手の場合には、迷惑を通り越し、ハラスメントでもあります。

そのようなときに堂々と「今は行けないです！　私がいないと家族が路頭に迷うことになり、本当に崖っぷちなんです。申し訳ありません！」「今は絶対に無理です！　ぜひ、この状況が落ち着いたらご一緒させてください！　そのときまで、飲み代を貯めておきます！」などと迷うことなくはっきりといい切る勇気を持ってみてはいかがでしょう。

あなたが「どうしよう」と迷っている姿を見ると、相手はさらにしつこく説得しようと躍起になるものです。

けれども、あなたが「今は絶対に行かない」という強い意志を持っていることがわかれば、「誘いに乗らない面白くないやつ」と思って、相手は次第に離れていきますから、「そうそう、私は面白くないやつですよ」とアピールし続け、仕事だけは抜かりなく行い、必要のない誘いをクールに払いのけていきましょう。

一つ一つの目の前の人生の選択を「自分で選ぶこと」は、納得できる人生を築くことと同じ線上にある大切な意志なのです。

自分の意志を確認し考え抜いて「断る」という決断をすることによって、ときに傷つくことがあるかもしれません。

しかし、その傷口のカサブタが取れた後は、「こういう『自分』が私には必要だ」と納得した人生を歩んでいける気がしてなりません。

礼節と論理的な説明を携えて、「それはできません」と、自信を持って伝えれば、きっとあなたの意志は届きます！

あとがき

本書を最後まで読んでくださいまして、ありがとうございました。

マスクをしながら書店で本を購入してくださった方、コロナ禍でもたくましく一歩を踏み出そうとこの本を選んでくださった方など、読者の方の様々な背景を想像していると、ありがたさが込み上げて、「あとがき」を書く手にいつも以上の力が入ります。

本書のタイトルを初めて目にされたとき、「私は嫌われていないだろうか……」と内心、ドキドキしていた読者の方もいらしたかもしれません。

ただ、本書を書く中で著者として私が最も強く伝えたかったことは、誰もが「必要とされる人」になれる、という確信を持ってほしいという一点でした。

読者のお一人お一人が「必要とされる人」になるために（必要とされ続けるために）、本書をヒントに簡単にできる言動の習慣を実践してみようとしてくだされば、とても嬉しいです。

私事ですが、この本の原稿を書いているタイミングで私は45歳の誕生日を迎えました。

何歳になっても、よかれと思った言動が裏目に出てしまったり、元々、私の性格のドライなところが冷たい反応だと誤解されることもあり、「必要とされる人」へのステップはまだまだ道半ばです。

しかし、もし私が本書に書いてある「嫌われない技術」を全く実践してこなかったとすれば、家族も友人もすでに自分から離れていたかもしれません。

また、本書に書かれていることを私自身が細々と徹底していることで、大切な人たちとの縁は長く深くなりつつあり、仕事や人間関係においては、やたらと傷ついたり、絶望することがなくなってきたことは確かです。

本書を書き上げたことをきっかけに初心にかえり、これからも「必要とされる人」へのステップを私なりのペースで専心していきたいと決意しています。

年齢や、自信のある、なしにかかわらず、いつでも私たちは「必要とされる人」への言動を携えて、人生の新たな出発ができるはずです。

もしあなたが、誰かに対して「必要とされる人」になりたいと強く感じていらっしゃるならば、今日を境に昨日までとは違う一歩を踏み出され、より豊かな人間関係を築いていかれることを陰ながら祈っています。

読者の皆さま、そしてこの本のために私を支えてくださったすべての方へ、感謝を込めて。

吉原珠央

2021年4月

著者略歴

吉原珠央《よしはらたまお》

イメージコンサルタント。プレゼンテーション、コミュニケーションをメインにしたコンサルティングを行うほか、「体感して学ぶ」というオリジナルのメソッドで企業向け研修や講演活動を全国で実施。

また「ストレスフリー」をコンセプトにした化粧品、ファッションアイテムなどを扱う『PURA Tokyo』を立ち上げ、会社を経営。

著書に『「また会いたい」と思われる人の38のルール』『「もっと話したい！」と思われる人の44のルール』『人とモノを自由に選べるようになる本』『自分のことは話すな』『その言い方は「失礼」です！』（すべて幻冬舎）、『パワーウーマンのつくり方』『「選ばれる女性」のシンプルな習慣40』（ともに宝島社）、『シンプルだけど心にひびく大人の気くばり』（三笠書房）がある。

幻冬舎新書 623

だから、あの人は嫌われる
対人関係がうまくいかない人の解決策

二〇二一年五月二十五日 第一刷発行

著者 吉原珠央

発行人 志儀保博
編集人 小木田順子
編集者 四本恭子
発行所 株式会社 幻冬舎
〒一五一―〇〇五一 東京都渋谷区千駄ヶ谷四―九―七
電話 〇三―五四一一―六二一一(編集)
〇三―五四一一―六二二二(営業)
振替 〇〇一二〇―八―七六七六四三
ブックデザイン 鈴木成一デザイン室
印刷・製本所 中央精版印刷株式会社

検印廃止
万一、落丁乱丁のある場合は送料小社負担でお取替致します。小社宛にお送り下さい。本書の一部あるいは全部を無断で複写複製することは、法律で認められた場合を除き、著作権の侵害となります。定価はカバーに表示してあります。
©TAMAO YOSHIHARA, GENTOSHA 2021
Printed in Japan ISBN978-4-344-98625-1 C0295
よ-7-3
幻冬舎ホームページアドレス https://www.gentosha.co.jp/
*この本に関するご意見・ご感想をメールでお寄せいただく場合は、comment@gentosha.co.jp まで。